Manual Del Apóstol

Por Tiffany Root

y

Kirk VandeGuchte

Manual del Apóstol
Copyright © 2024 por Tiffany Root y Kirk VandeGuchte.
Todos los derechos reservados.
Publicado por
Destiny House Publishing, LLC.
P.O. Box 19774 Detroit, MI 48219
inquiry@destinyhousepublishing.com
www.destinyhousepublishing.com 404.993.0830

Portada de Kingdom Graphic Designs

Esta obra no puede ser utilizada en ninguna forma ni reproducida por ningún medio, total o parcialmente, sin el permiso por escrito del editor o del autor. A menos que se indique lo contrario, todas las citas bíblicas son de la Nueva Versión King James (NKJV).

Las opiniones y puntos de vista expresados en este libro son los de los autores y no reflejan necesariamente los puntos de vista o posiciones de Destiny House Publishing, LLC ni de ninguna de las entidades que representan.

Impreso en Estados Unidos

ISBN: 978-1-963020-15-1

ÍNDICE

Capitulo 1 Elección de Apóstoles 6

Capitulo 2 Definición de Apóstol 10

Capitulo 3 El Mensaje de los Apóstoles 28

Capitulo 4 Escribiendo Doctrina Apostólica 37

Capitulo 5 Autoridad y Mandato Apostólico 40

Capitulo 6 Trabajando con Profetas 47

Capitulo 7 El Gobierno de la Iglesia 55

Capitulo 8 Mujeres Apóstoles 67

Capitulo 9 Profecías sobre Apóstoles y La Iglesia 72

Biografía De Los Autores 100

Por Tiffany Root y Kirk VandeGuchte

NOTA DE LA TRADUCTORA:
Estimados hermanos en Cristo:

Quisiera contaros cómo se llegó a realizar esta traducción al español de este y los demás libros de MINISTERIOS LA GLORIA DE DIOS.

Como hermana en Cristo, y ante la dificultad de conseguir que me fueran remitidos los libros en versión original (inglés) a España, me puse en contacto con Ministerios Buscando la Gloria de Dios (SGGM) a fin de que me los hicieran llegar de otro modo y no a través de la página web. Ellos recibieron mi petición y oraron –como siempre hacen- y el Espíritu les dio la palabra "CONVERSION", que curiosamente es igual en español, y me preguntaron por la posibilidad de traducir los libros al español. Al consultarlo yo misma con el Espíritu me llevó al significado epistemológico de la palabra CONVERSION. Lo siguiente, es lo que el Señor me dijo:

Cuando Tiffany y Kirk oraban por la traducción al español de los libros y palabras que Yo les he dado, les di la palabra "CONVERSION", y la di con una intención y un significado concreto: "CON" significa "juntamente" y/o "en unión con alguien" (conmigo), y VERSIÓN (acción de traducir o "modo que tiene cada uno de referir un mismo suceso"). Con ello quiero significar que las traducciones de Mis palabras han de hacerse "Junto conmigo", con Mi Espíritu, en trabajo conjunto, y no sin más, como una traducción normal más de cualquier otra cosa. De este modo se evitarán "desviaciones" o "versiones distintas" de mi Palabra que dan lugar a lo mismo que lo de "yo soy de Pablo y yo de Apolos", lo cual no deseo que ocurra nunca más.

Yo Soy El Camino y La (única) Verdad, y la Palabra de Dios. No hay otra ni debe haber otra "Versión" de lo que Yo Soy (Mi Carácter, mi personalidad, mi corazón y mi forma de comportarme). Aquellos que me conocen mejor, por cercanía y por relación conmigo, Son UNO conmigo, como MI ESPOSA será una conmigo. Estos primeros pasos en lo que es Mi RELACIÓN con mi verdadera Esposa, la que será sin mancha ni arruga, son cruciales y hemos de recorrerlos juntos, caminando juntos como Enoc caminó conmigo antes de ser llevado conmigo para la eternidad.

Tenemos mucho trabajo por hacer, pero no preocuparos, pequeña manada, porque no lo haréis en vuestras fuerzas, sino CONMIGO, pues UNO (EN UNIÓN) seremos en todo.

Ahora es el momento en que los pueblos del mundo deben verme y conocerme tal y como soy realmente, pues he dicho - y se hará- que El Mundo me verá y todo el Mundo se llenará del conocimiento de la Gloria de Dios, como las aguas cubren el mar. No habrá más velos, ni más secretos (excepto los que el Padre se reserva en cuanto a tiempos y acciones y sucesos determinados) ni interpretaciones (y mal interpretaciones) acerca de mí y de cómo Yo Soy por boca y mano de los autodenominados "pastores" o «predicadores» a los que yo realmente no llamé. He dado a la Iglesia (y, por consiguiente, al Mundo) mis dones (los cinco ministerios) y lo que espero de ellos es que me muestren al mundo tal cómo Yo Soy, ya que soy Amor, y amé y amo tanto al mundo que me entregué en sacrificio por ellos. He puesto en ellos mi corazón e incluso mis ojos, para que puedan verme y ver a los demás como yo los veo. Dentro de muy poco tiempo, Me derramaré sobre ellos. Sí, como he dicho, sobre todos aquellos que quieran ser portadores de Mi Gloria. Pero Mi Gloria conlleva un "extra" de responsabilidad, porque incluso Mi Autoridad hay que saber llevarla y ejercerla, con mano de hierro, sí, pero también y siempre con amor y delicadeza, por vuestro bien y por el de los que os rodean. Esa "prudencia" que habéis de tener y guardar está siendo enseñada por mí a cada uno de mis escogidos, porque Yo escojo a los míos. Esa prudencia no es falta de valentía, porque Fe es Riesgo, y Fe necesariamente ha de haber para poder agradarme."

Maria José Candreu

Por Tiffany Root y Kirk VandeGuchte

INTRODUCCIÓN

Tanto si Jesús te ha llamado para ser apóstol, como si te has sentido llamado a ser profeta y deseas aprender sobre los apóstoles, o si no eres ninguna de las dos cosas, te beneficiarás al leer este manual. Está escrito para ofrecer una breve visión general de los apóstoles, su papel en la iglesia, por qué son necesarios y cómo los ve Dios.

A continuación encontrarás enlaces a listas de reproducción sobre los apóstoles y los cinco ministerios:

https://www.youtube.com/playlist?list=PL5kP-PPf6Hx9HZLuy8PPH2BeLLB65NVOh

https://www.youtube.com/playlist?list=PLWO8XgofUdZMz-xDfX9AwtRASzVGZMh2H

PRÓLOGO POR

Apóstol Randy Faber

Cuando Dios creó el mundo, tenía un plan que incluía a la humanidad. Cuando los ángeles anunciaron el nacimiento de Cristo a los pastores, reafirmaron que el hombre seguía formando parte del plan de Dios. Jesús amplió ésto al elegir a los apóstoles y decir que construiría una iglesia (Ekklesia) sobre la roca de la revelación apostólica acerca de Cristo, y que las puertas del infierno no prevalecerían contra ella.

Este no era un plan nuevo, ya que Dios solo tiene el plan A, pero esta parte del plan tiene un sistema requerido. El sistema fue establecido por Jesús mismo y es necesario para que el plan se realice y se cumpla plenamente. El sistema es el ministerio quíntuple (los 5 ministerios de Efesios 4:11), y es el camino de Jesús, no el nuestro. Es el sistema de Su Reino.

Con los cimientos establecidos por los apóstoles y profetas, y Jesucristo como piedra angular, la iglesia puede ser edificada sobre una base segura que nunca fallará. Más que eso, sin embargo, está el hecho de que estos cimientos y todo el ministerio quíntuple son necesarios para la unidad, la madurez y el perfeccionamiento del Cuerpo de Cristo. (Efesios 4)

Si somos amantes de Cristo, aceptaremos y abrazaremos Su sistema y avanzaremos en toda la obra de edificación del Reino que Él ha preparado de antemano para que hagamos. Es fundamental comprender el papel de los apóstoles, ya que son la máxima autoridad en el sistema, dones para el Cuerpo de Cristo y siervos de todos.

Desafortunadamente, existe un gran vacío en el Cuerpo de Cristo en lo que respecta a la enseñanza guiada por el Espíritu Santo sobre los apóstoles y profetas y sus funciones únicas e importantes en el ministerio quíntuple. En este libro, Tiffany y Kirk exponen fielmente la instrucción y la revelación guiadas por el Espíritu Santo sobre la posición del Apóstol designado por Jesús. Ambos discuten cómo los apóstoles trabajan con los profetas y cómo este trabajo en equipo dirige y guía al cuerpo de la iglesia.

Cada persona en el Cuerpo de Cristo tiene un destino designado por Dios y, para cumplirlo, debe operar dentro de Su sistema. Ya sea que usted haya sido llamado a ser parte del ministerio quíntuple o de alguna otra parte importante del Cuerpo de Cristo, se beneficiará al comprender el papel de los apóstoles.

Pídele al Espíritu Santo que lea contigo y prepárate para una nueva era de apóstoles con la construcción del Reino por encima y más allá de cualquier cosa que el mundo haya visto jamás.

Capitulo 1

ELECCIÓN DE APÓSTOLES

Al comienzo de su ministerio, Jesús eligió a doce hombres de entre los muchos discípulos que le seguían. Lucas escribe:

En aquellos días, Jesús salió al monte a orar, y pasó toda la noche en oración a Dios. Cuando llegó el día, llamó a sus discípulos y escogió a doce de ellos, a los que también llamó apóstoles. (6:12-13)

Observe que Jesús eligió a los doce después de pasar tiempo en oración. Jesús siempre hacía lo que veía hacer a su Padre, y solo decía lo que oía decir a su Padre. Vivía de cada palabra que salía de la boca del Padre (Mateo 4:4). Hizo todo esto siguiendo al Espíritu Santo. Y Él nos dejó un ejemplo para que nosotros hagamos tal y como Él lo ha hecho. Nosotros también debemos hacer todas las cosas por el Espíritu de Cristo, no por nuestro intelecto, ni según las formas del mundo, ni de ninguna otra manera. Como Jesús, debemos seguir al Espíritu Santo en todas las cosas, escuchando y obedeciendo.

Después de que Jesús eligió a los doce de acuerdo a lo que escuchó en oración, Él luego entrenó a sus nuevos apóstoles para que lideraran la nueva iglesia después de Él se fuera. Mientras Jesús enseñó a todos sus discípulos y entrenó a muchos para que salieran a orar por los enfermos, expulsaran demonios, etc., los doce recibieron aún más revelación de Él que los demás, de modo que cuando fueran llenos del Espíritu Santo, pudieran continuar la obra de Jesús y edificar la iglesia sobre la revelación de Jesucristo. (Véase Marcos 4:33-34, donde Jesús enseña en parábolas, pero se las explica a los doce cuando están a solas. Y véase Lucas 10, donde Jesús envía a muchos discípulos, 70 o 72).

Cuando Jesús ascendió al cielo, Él instruyó a los discípulos para que esperaran para cumplir la comisión de hacer discípulos de las naciones hasta que fueran bautizados en el Espíritu Santo. Mientras esperaban el derramamiento del Espíritu Santo, los apóstoles decidieron elegir a alguien para ocupar el lugar del traidor, Judas. En este caso, eligieron a dos hombres que habían caminado con ellos desde el principio, y echaron suertes entre ellos, orando para que el Señor eligiera al que Él quería.

Y oraron y dijeron: «Tú, Oh Señor, que conoces los corazones de todos, muestra cuál de estos dos Tú has elegido para tomar parte en este ministerio y apostolado del que Judas, por transgresión, cayó, para que haga lo que a él le correspondía». (Hechos 1:24-25)

La razón por la que los apóstoles echaron suertes para sustituir a Judas es porque aún no habían recibido el bautismo del Espíritu Santo. Después de la plenitud del Espíritu, vemos que Jesús elige a los apóstoles sin echar suertes. En cambio, hombres y mujeres oyen Su voz y son llamados por profetas y/u otros apóstoles.

El apóstol Pablo es un gran ejemplo de cómo los apóstoles son llamados después de la ascensión de Cristo y el derramamiento del Espíritu Santo. Pablo testifica:

Pero os hago saber, hermanos, que el evangelio que fue predicado por mí no es según el hombre. Porque yo no lo recibí ni lo aprendí de ningún hombre, sino que vino por revelación de Jesucristo... Pero cuando agradó a Dios, quien me apartó desde el seno de mi madre y me llamó por Su gracia, tuvo a bien revelar a su Hijo en mí, para que yo lo predicara entre los gentiles, yo no consulté inmediatamente con carne y sangre... (Gálatas 1:11-12, 15-16).

En otras palabras, nadie le dijo a Pablo que era apóstol. Jesús se lo dijo. El Espíritu Santo lo entrenó y luego envió a un profeta para que trabajara con él y se lo confirmara. El profeta Bernabé (o Barnabás) fue a buscar a Pablo después de enterarse de su conversión y lo ayudó en su ministerio (Hechos 11:25).

Hoy en día, los apóstoles son elegidos de manera muy similar a como lo fue Pablo. A veces descubren que son apóstoles porque un profeta los llama. Otras veces lo oyen del Señor y luego un profeta los llama o un apóstol los nombra para ministrar en un área determinada de la iglesia como apóstoles. Sea cual sea la forma en que el Señor decida llamar a alguien, esa persona oirá al Señor y será llamada por otro apóstol o profeta.

Una vez que se le revela a un apóstol que ha sido elegido por Cristo como apóstol, será entrenado por el Señor. Este entrenamiento se da de muchas maneras, dependiendo del llamado específico de cada individuo. Sin embargo, siempre incluirá un desierto en el que el apóstol aprenderá a vivir por revelación de Jesucristo.

Tanto el apóstol Pablo como Jesús experimentaron su tiempo en el desierto, en el desierto real. La mayoría de ustedes no estarán en un desierto físico, sino en un desierto espiritual en el que tendrán que luchar por las promesas de Dios. Serán tentados, atacados y, en muchas ocasiones, estarán solos. Pero aprenderán a confiar cada vez más en el Espíritu Santo. Y, como declaran las Escrituras, descubrirán que, contra todo pronóstico, se han convertido en prisioneros de la esperanza, en personas que creen en Dios incluso cuando parece que las cosas prometidas nunca se cumplirán (Zacarías 9:12).

Este entrenamiento en el desierto es absolutamente necesario para los apóstoles. Un apóstol debe caminar con gran fe, y esa fe debe ser puesta a prueba para descubrir su valor. La prueba ocurre primeramente en el desierto. Además de la fe, también debe ponerse a prueba el amor. Los apóstoles que eligen el amor serán los más grandes de todos.

Cuando el Señor determina que un apóstol está listo, solo entonces él o ella será liberado del desierto. Mientras tanto, si eres llamado como apóstol, determina superar el desierto con Jesús. Él te está entrenando para ser siervo de todos, incluso mientras caminas con gran autoridad y poder.

Cuando salgas del desierto, el Señor te pondrá en contacto con un apóstol que estará por encima de ti en autoridad. Ese apóstol y su profeta te ayudarán a dirigirte hacia donde necesitas ir. Esto no significa que no sepas ya a dónde estás llamado, pero para caminar con autoridad, también debemos someternos a la autoridad. Hablaremos más sobre esto en un capítulo posterior, pero por ahora, solo ten en cuenta que necesitarás la ayuda de otros apóstoles para cumplir tu propósito.

Capitulo 2

DEFINICIÓN DE APÓSTOL

«Apóstol» es la palabra griega «apostolos». Era un término que describía a un almirante naval que llevaba una flota de barcos llenos de gente bajo su mando con la misión de establecer nuevos territorios que fueran similares a los territorios de donde procedían. Para ello, el almirante contaba entre su tripulación con personas capaces de establecer su cultura, enseñar a otros a leer y escribir en su idioma, construir edificios y carreteras similares a los de su territorio de origen, etc. Creaban una comunidad exactamente igual a la de la que procedían. Cuando terminaban de establecer esta comunidad, el almirante y su equipo se trasladaban a un nuevo territorio.

Los romanos tomaron el término «apóstolos» de los griegos y lo utilizaron para describir a los mensajeros y representantes que enviaban a los territorios que habían conquistado como Roma. Se dice que los apóstolos tenían la misión de hacer que cada ciudad y zona a la que eran enviados se pareciera tanto a Roma que el Emperador se sintiera como en casa cuando la visitara. (Para más información véase David Francis Bacon, Vidas de Los Apóstoles de Jesucristo; New Haven: L. H. Young, 1836).

Jesús utilizó el término «apóstolos» a propósito para dibujar una imagen de lo que haría un apóstol. Los apóstoles son enviados como delegados con órdenes del Señor para establecer el Reino de los Cielos en la tierra. Supervisan a los Profetas, Evangelistas, Pastores y Maestros, que trabajan juntos para edificar el cuerpo de Cristo, llevándolo a la madurez y la fe en Jesús.

En lugar de crear una comunidad física con edificios y carreteras físicas y el mismo idioma físico, construyen un edificio espiritual en Cristo con Jesús como la Piedra Angular. Enseñan a los discípulos de Cristo el lenguaje del Espíritu Santo. Muestran al cuerpo de Cristo el camino correcto por el que andar, manteniéndolos en el camino de la justicia a través de la sana doctrina. Caminan con la máxima autoridad en la iglesia y con gran poder. Ellos dan su vida por el resto del cuerpo de Cristo, para que él pueda ser edificado. Y en todas las cosas, exaltan a Jesús, que es su primer amor, enseñando a otros a hacer lo mismo.

Jesús ha elegido primero a los apóstoles en el cuerpo de Cristo para establecer el Reino de los Cielos en la tierra. No se puede exagerar lo importante que es someterse a la autoridad que Jesús estableció en su Iglesia. Los verdaderos apóstoles de Jesús guiarán a las personas a Cristo a través del poder del Espíritu Santo, y bajo su autoridad, los discípulos prosperarán para convertirse en todo lo que Jesús los creó para ser.

A lo largo de los años, se han propuesto muchas definiciones para describir qué es un apóstol o qué hace un apóstol. Por ejemplo, algunas personas dicen que uno de los requisitos para ser apóstol es haber visto al Señor. Señalan que incluso Pablo dijo que había visto al Señor. Sin embargo, ver al Señor físicamente no convierte a alguien en apóstol. Cuando Pablo mencionó que él también había visto al Señor, solo estaba refutando que los otros apóstoles eran más grandes porque habían visto al Señor. Él, Pablo, también lo había visto. Jesús se ha aparecido a muchas personas a lo largo de los siglos. Eso no los convierte a todos en apóstoles.

Elegido por Cristo

Una persona es apóstol si Jesús dice que lo es. Ése es el requisito. Uno debe ser elegido por Cristo. El apostolado no se obtiene obedeciendo reglas, cumpliendo requisitos o esforzándose por alcanzar ese papel. El apostolado se obtiene mediante el llamado de Jesús. Él es la Cabeza de la Iglesia y Él decide quiénes son Sus ministros elegidos.

Mateo 20 y Mateo 22 registran parábolas en las que Jesús dice que muchos son llamados, pero pocos son escogidos. En Mateo 20:1-16, cuenta la parábola del hombre que tenía una viña y salía todo el día a buscar trabajadores para trabajar en ella. Al final del día, pagó la misma cantidad a los que trabajaron una hora que a los que trabajaron todo el día. Los que habían trabajado todo el día se quejaron de que habían trabajado más tiempo, pero habían recibido la misma paga que los que habían trabajado menos tiempo. El dueño dijo que tenía derecho a ser generoso con lo que era suyo. La parábola termina con: «**Así, los últimos serán los primeros, y los primeros serán los últimos. Porque muchos son los llamados, pero pocos los escogidos**» (v. 16).

Las personas contratadas primero se ponen a sí mismas en primer lugar y por eso serán las últimas. Dios exalta a los humildes, pero humilla a los que se exaltan a sí mismos. Por eso también Jesús da instrucciones sobre cómo elegir los lugares especiales para sentarse en el Evangelio de Lucas. Él dice que no lo hagamos. No te exaltes a ti mismo. Deja que Dios te exalte. No debemos ponernos a nosotros mismos en primer lugar. Los apóstoles tampoco deben enaltecerse a sí mismos. Aunque tienen la mayor autoridad, siguen siendo siervos de todos. Jesús tenía la mayor autoridad y Él fue siervo de todos también. Si eres elegido como apóstol por el Señor Jesucristo, Él te exaltará en el momento oportuno.

En Mateo 22, Jesús cuenta la parábola del rey que ofrece un banquete de bodas. El rey invita a muchos, pero ellos se niegan a asistir, por lo que invita a muchos más. Estos acuden y uno de ellos entra sin llevar la vestimenta adecuada, por lo que es arrojado a las tinieblas de afuera, donde hay llanto y crujir de dientes. Y entonces Jesús dice: «**Muchos son los llamados, pero pocos los escogidos**» (v. 14).

Cuando le preguntamos al Espíritu Santo qué significaba que muchos son llamados, pero pocos son escogidos, escuchamos: «*Todos son llamados*». Luego, escuchamos las palabras del Salmo 19. Dice:

Los cielos cuentan la gloria de Dios, y el firmamento anuncia la obra de sus manos. Un día tras otro transmiten su mensaje, y una noche tras otra revelan su conocimiento. No hay discurso ni lenguaje donde no sus voces no se oigan. Sus voces se extienden por toda la tierra, y sus palabras llegan hasta los confines del mundo. (v. 1-4)

Incluso la creación llama a la humanidad a su Creador.

Pablo cita este salmo en Romanos 10:18. *«Pero yo digo: ¿No han oído? Sí, ciertamente: «Sus sonidos han salido por toda la tierra, Y sus palabras hasta los confines del mundo»»*. TODOS han oído. El Señor da testimonio a cada persona. Esto es lo que Jesús quiso decir cuando dijo en Juan 12:32: «Y **Yo, si soy levantado de la tierra, atraeré a todos a Mí mismo**».

Así que, todas las personas son llamadas, pero ¿quiénes son los elegidos? A cierto nivel, los que dicen «sí» son los elegidos. Pero hay más. Dios me trajo a la mente estos versículos:

El Salmo 105:15 dice: «**No toquéis a mis ungidos, ni hagáis daño a mis profetas**» (NVI).

Y de nuevo en 1 Crónicas 16:22 (NVI): «**No toquéis a mis ungidos, ni hagáis daño a mis profetas**».

Los ungidos son los apóstoles.

Los apóstoles son ungidos y elegidos por Cristo, y todos los demás ministros quíntuples reciben sus dones a través de los apóstoles. Deben ser los apóstoles quienes cumplan esta función. El Señor da tanta autoridad a Sus apóstoles, que los otros quíntuples no operarán a su máximo potencial a menos que se sometan a su apóstol.

Profundizaremos más en esto en el capítulo sobre la autoridad de los apóstoles, pero ahora mismo debemos comprender de manera básica que los apóstoles son elegidos por Cristo para gobernar. Como tales, ellos eligen dónde se asignan los diversos ministros de los cinco ministerios. Sin embargo, esta elección se hace de acuerdo con quienes Cristo ya ha elegido. Ningún otro oficio puede hacerlo. Un apóstol sabio consultará a su profeta al respecto.

La capacidad de elegir significa que un apóstol puede elegir con quién trabajar. Puede nombrar ministros para diversas tareas. Puede dirigir a aquellos bajo su autoridad para que ministren en áreas específicas de la iglesia. Y los apóstoles formarán equipos de los cinco ministerios para coordinar algunas operaciones muy importantes del reino, así como el discipulado diario. El Espíritu Santo dice que los cinco ministerios trabajarán juntos tal y como lo estableció Jesús, o no serán una unidad funcional.

Veamos un par de ejemplos de apóstoles que eligen según el Espíritu del Señor. ¿Cómo sería esto?

En primer lugar, en el libro de los Hechos, cuando se eligió a Matías, Pedro dijo a los demás apóstoles que todos debían elegir a un par de hombres de entre un grupo que había estado con ellos desde el comienzo del bautismo de Juan hasta que Jesús fue llevado al cielo, pero luego oraron antes de echar suertes entre Justo y Matías. Su oración fue que el Señor les mostrara a cuál de los dos había elegido (final de Hechos 1).

Otro ejemplo es cuando Pablo eligió a Silas al final de Hechos 15, después de que él y Bernabé tuvieran una disputa y se separaran. Pablo necesitaba un profeta y, ante la ausencia de Bernabé, tuvo que elegir a alguien. Tanto Silas como Judas eran profetas (Hechos 15:32) y viajaban con Pablo, pero Pablo eligió a Silas para que continuara con él como su profeta. Esto fue hecho por el Espíritu del Señor, y ministraron juntos durante mucho tiempo después de esto.

Los apóstoles establecen la iglesia según el Espíritu y transmiten la autoridad a otros según son guiados. Jesús, Él mismo, elige a los apóstoles, profetas, evangelistas, pastores y maestros. Y los apóstoles siguen al Espíritu Santo al elegir a quienes Cristo ha elegido.

Las personas no pueden elegir por sí mismas si quieren estos oficios o no.

Esto es diferente a pedir al Espíritu Santo los dones del Espíritu. Los dones del Espíritu se dan según el Espíritu Santo elige, pero se nos dice que deseemos y pidamos esos dones con fervor.

En Gálatas 1:1, Pablo comienza diciendo que es apóstol por Dios y no por el hombre. Así es como es llamado todo verdadero apóstol: por Dios, por su Hijo, Jesús, y no por ningún hombre o mujer. Sin embargo, otro apóstol o profeta llamará al apóstol y confirmará a él o ella en algún momento.

Apóstoles actuales

Sabemos que hoy en día hay apóstoles porque Jesús estableció la iglesia para que funcionara bajo la dirección de los apóstoles. Por ejemplo, había más de 12 apóstoles incluso cuando los 12 estaban vivos. Una prueba de esta verdad se encuentra en Apocalipsis 2:2, donde se dice: «**Conozco tus obras, tu trabajo, tu paciencia, y que no puedes soportar a los malvados. Y has puesto a prueba a los que se dicen apóstoles y no lo son, y los has hallado mentirosos**». No habría necesidad de poner a prueba a las personas si solo hubiera 12 apóstoles. En ese caso, sería bastante obvio si alguien lo era o no.

Además, el mismo versículo de Efesios 4 que dice que hay pastores, maestros y evangelistas, afirma que hay apóstoles y profetas. De hecho, Pablo enumera primero a los apóstoles y profetas. Por lo tanto, si hay pastores, maestros y evangelistas, también hay apóstoles y profetas.

Los primeros doce apóstoles fueron elegidos de entre un grupo de discípulos que seguían a Jesús. Cada apóstol fue nombrado por el Señor como apóstol. Habían caminado con Él cuando estaba en la tierra y habían aprendido a hacer lo que Él había hecho. Sanaban a los enfermos, resucitaban a los muertos, expulsaban demonios y uno de ellos incluso caminó sobre las aguas. Sin embargo, la función más importante de un apóstol era que estaban «con» el Señor. Marcos testifica: «**Subió a una montaña y llamó a Él a los que Él quiso. Y ellos vinieron a Él. Luego designó a doce, para que estuvieran con Él y para que Él los enviara a predicar, y para tener poder para sanar enfermedades y expulsar demonios.**» (Marcos 3:13-15) Cada uno de los doce apóstoles originales pasó tiempo con el Señor, aprendió de Él e hizo conforme Él mandaba. Incluso cuando Judas Iscariote traicionó a Jesús, los otros once eligieron a otra persona que había estado con ellos desde el principio para continuar con el ministerio apostólico.

Pablo fue un tipo de apóstol diferente. Fue uno de los primeros apóstoles que no caminó físicamente con Jesús ni aprendió físicamente de Él. Incluso los hermanos de Jesús, Santiago y Judas, aprendieron de

Él, aunque no lo siguieron hasta después de Su resurrección, ni recibieron evidentemente su llamado al apostolado hasta más tarde. Sin embargo, al igual que los primeros doce apóstoles, Pablo fue elegido como apóstol por Dios y no por los hombres.

El hecho de que Pablo y los apóstoles que le siguieron no hayan caminado físicamente con Jesús no significa que sean inferiores en modo alguno. Como dijo Pablo: **«Porque no creo que sea en nada inferior a los apóstoles más eminentes»** (2 Corintios 11:5). De hecho, la revelación que Pablo recibió directamente del Espíritu Santo no la obtuvo de ningún hombre, y testificó que ninguno de los otros apóstoles ni siquiera añadieron nada a la revelación que él recibió. ¡Así de completa era! Escribe sobre su encuentro con los otros apóstoles: **«En cuanto a los que parecían ser importantes —no me importa quiénes eran, pues Dios no juzga por las apariencias—, ninguno de esos hombres añadió nada a mi mensaje»** (Gálatas 2:6, NVI).

Jesús sigue enseñando a Sus apóstoles, en vez de que otros les enseñen.

Pablo hizo las cosas de manera diferente a los doce porque los doce fueron criados bajo un Maestro en quien <u>todos</u> los dones y <u>todos</u> los oficios eran evidentes. Los doce caminaron en todos ellos. Por eso es porque ves a Pedro y Juan juntos sin un profeta. Pero en la nueva forma de hacer las cosas, los apóstoles se unen a los profetas, como Pablo y Bernabé o Pablo y Silas. Pablo fue elegido como apóstol y veía su papel como apóstol, no como otra cosa. Dicho esto, a veces el Señor llamará a un apóstol profeta o a un profeta apóstol porque Él los ha elegido para que tengan un papel secundario en ocasiones. Eso no debe confundir el hecho de que los apóstoles son llamados como apóstoles y cumplirán sus funciones como tales. Y no hay que confundir la verdad de que una persona solo puede ocupar un oficio. Aunque a veces se llame profeta a un apóstol, él/ella sigue siendo apóstol y no profeta.

Pablo, Santiago y Judas no son los únicos apóstoles mencionados en la Biblia además de los doce originales. Romanos 16:7 menciona a Andrónico y Junia (una mujer) que eran conocidos entre los apóstoles. Y Apolos también era conocido como apóstol.

Lee cómo se refiere Pablo a Apolos:

Porque cuando uno dice: «Yo soy de Pablo», y otro: «Yo soy de Apolos», ¿no sois carnales? ¿Quién entonces es Pablo, y quién es Apolos, sino ministros por medio de los cuales creísteis, según lo que a cada uno concedió el Señor? Yo planté, Apolos regó, pero Dios dio el crecimiento... Por tanto, nadie se gloríe en los hombres. Porque todas las cosas son vuestras: tanto Pablo, como Apolos, o Cefas, o el mundo, o la vida, o la muerte, o las cosas presentes, o las cosas por venir, todo es vuestro. Y vosotros sois de Cristo, y Cristo es de Dios. Que cada uno nos considere como servidores de Cristo y administradores de los misterios de Dios. (1 Corintios 3:4-6, 21-4:1)

Y, de nuevo, en 1 Corintios 4:6 y 9

Ahora bien, hermanos, he aplicado figurativamente estas cosas a mí mismo y a Apolos por amor a vosotros, para que aprendáis en nosotros a no ir más allá de lo que está escrito, a fin de que ninguno de vosotros se enaltezca a costa de otro... Porque creo que Dios nos ha enviado a nosotros, los apóstoles, en último lugar, como condenados a muerte; pues hemos sido un espectáculo para el mundo, tanto para los ángeles como para los hombres.

Vemos que Pablo muestra a Apolos como apóstol junto con él mismo y Pedro.

Incluso en el Antiguo Pacto, Dios ungió apostólicamente a ciertas personas. Por ejemplo, el Rey David recibió una unción apostólica incluso antes de convertirse en rey. Cuando los amalecitas atacaron Siclag y David y sus hombres recuperaron todo, él dijo que el botín debía dividirse equitativamente entre los hombres que se quedaron con los suministros y los que fueron a la guerra. Primera de Samuel 30:25 dice: «**Así fue desde aquel día en adelante; lo estableció como estatuto y ordenanza para Israel hasta el día de hoy**». Con la unción apostólica de David, él pudo establecer ordenanzas y mandatos, tal como vemos a Pablo dando reglas a varias iglesias en el Nuevo Testamento. Además, David tenía un deseo tan grande de establecer un lugar en la tierra para que el SEÑOR morara que incluso reunió cosas para que todo estuviera listo cuando Salomón construyera el templo, de manera similar a como los apóstoles ayudan a construir una morada para el Señor en el Espíritu.

En referencia a Sus apóstoles como reyes, el Señor le preguntó a Kirk si él podría servirme (a Tiffany), pero Él nunca me preguntó si yo podría servir a Kirk. Nos preguntamos por qué, y el Señor respondió: *«A un rey no se le pregunta si quiere siervos»*. Esto nos abre los ojos con respecto al llamado apostólico.

Guiados por el Espíritu

Los apóstoles son guiados por el Espíritu, no por sus propios deseos, ni por la necesidad, ni por el miedo, ni por el enemigo, ni por ninguna otra cosa. Son guiados por el Espíritu, como deben serlo todos los creyentes. El capítulo 4 de Lucas registra que Jesús fue guiado por el Espíritu al desierto para ser probado y tentado. Sin embargo, regresó con el poder del Espíritu. Cada apóstol será guiado por el Espíritu al desierto, donde será probado y fortalecido, y regresará con el poder del Espíritu.

Habiendo aprendido a seguir al Espíritu Santo en el desierto, tendrán fe para seguirlo también en todas las cosas fuera del desierto.

Poder y autoridad

Los apóstoles caminan con autoridad y poder. Los apóstoles de Jesucristo no se ganan su puesto de autoridad. No van a la escuela para obtener un diploma de apóstol ni buscan los elogios de los hombres. Jesús elige y da a Sus apóstoles como dones a la iglesia. *«Él Mismo dio a unos el ser apóstoles, a otros profetas, a otros evangelistas, y a otros pastores y maestros...»* (Efesios 4:11).

Como los apóstoles de Jesús son elegidos por Él, también son investidos de poder por Él. Los apóstoles deben tener poder porque dan testimonio de la resurrección de Jesucristo. Hechos 4:33 (NVI) dice: *«Con gran poder, los apóstoles continuaban dando testimonio de la resurrección del Señor Jesús, y gran gracia era sobre todos ellos»*.

El poder otorgado a los apóstoles de los últimos días será mayor que el que el mundo haya visto jamás. Aquellos que tomen el título de «apóstol» pero no hayan sido elegidos por Cristo serán rápidamente descubiertos porque el poder no los respaldará.

Los ángeles de los apóstoles también tienen gran autoridad y poder. Miguel es el ángel que está por encima de los apóstoles. Bajo él estarán todos los ángeles que han sido asignados a los apóstoles. Mi ángel (el de Tiffany) está bajo Miguel y le rinde cuentas a él. Hay apóstoles que me rinden cuentas a mí, y sus ángeles le rinden cuentas a mi ángel. Sin embargo, esto no es jerárquico como la autoridad en el mundo. Los apóstoles son siervos de todos por amor, y los ángeles también sirven por amor, no por obligación.

Como arcángel, Miguel tiene muchas otras tareas, una de las cuales es distribuir el poder. Él mismo puede distribuir el poder, o puede delegarlo en otro ángel de rango inferior. Los apóstoles caminan con poder y autoridad, y como Miguel está por encima de los apóstoles, también tiene la tarea de darles poder según la dirección del Espíritu Santo.

Persecución

Los apóstoles encontrarán persecución. Jesús muestra lo que significa ser un Apóstol en Juan 7. El primer versículo dice: «**Después de estas cosas, Jesús andaba por Galilea, pues no quería andar por Judea, porque los judíos buscaban matarlo**». Los apóstoles están en la lista negra del enemigo. Pablo dice: «**Porque creo que Dios nos ha expuesto a nosotros, los apóstoles, en último lugar, como condenados a muerte; pues hemos sido hechos espectáculo para el mundo, tanto para los ángeles como para los hombres**» (1 Corintios 4:9).

La persecución sirve para hacernos más fuertes y para poner a prueba nuestra fe y nuestro amor. Para que se nos confíe la pureza de la palabra del Señor, la doctrina correcta y la verdadera autoridad y poder, debemos ser puestos a prueba. Así como Jesús aprendió la obediencia a través de lo que Él sufrió, nosotros también aprenderemos a obedecer independientemente de la persecución, las mentiras y el rechazo que suframos.

Con respecto a sus apóstoles, el Señor dice:

«Los apóstoles han pasado por momentos difíciles hasta ahora, cuando comienza el tiempo de los apóstoles. Seguirá siendo difícil, pero de una manera diferente. Serán aceptados y no deben enorgullecerse. Pero yo llevaré a cada uno a través del desierto para prepararlos. Su confianza en Mí en las dificultades les ayudará a confiar en la abundancia. Las riquezas, la fama y la aceptación no los conmoverán porque no tienen más significado que el que yo les doy. Ellos son uno Conmigo y su deseo es para Mí, para mi Hijo».

Grandes reveladores de Dios

El capítulo siete de Juan también muestra que los apóstoles reciben revelaciones de Jesús. No inventan su propio evangelio porque buscan la gloria de Dios, no la gloria para sí mismos.

Y los judíos se maravillaban, diciendo: «¿Cómo sabe este hombre la Ley, sin haber estudiado?». Jesús les respondió y dijo: «Mi doctrina no es Mía, sino de Aquel que Me envió. Si alguno quiere hacer Su voluntad, conocerá si la doctrina es de Dios, o si yo hablo por Mi propia cuenta. El que habla por su cuenta busca su propia gloria; pero El que busca la gloria de Aquel que Le envió, ése es verdadero, y no hay injusticia en Él» (Juan 7:15-18).

La revelación viene de muchas maneras. A veces los apóstoles reciben su revelación de Jesús a través de ángeles. Los ángeles apostólicos traen la revelación a los apóstoles. Incluso pueden recibir la revelación de otro ángel que la ha recibido del Señor y luego la traen a su apóstol. Toda verdadera revelación proviene del Señor Jesucristo, pero Él utiliza a los ángeles para ayudar a llevarla a Sus apóstoles en ocasiones. Por eso Pablo dijo: **«Pero aun si nosotros, o un ángel del cielo, os anunciara un evangelio diferente del que os hemos anunciado, sea**

anatema» (Gálatas 1:8). Pablo pudo decir esto porque los ángeles traen mensajes de revelación a los apóstoles.

Todo verdadero apóstol también recibe la revelación de Jesucristo directamente a través de Su Espíritu, sin escuchar la revelación a través de los ángeles. Como testifica Pablo: «**Os hago saber, hermanos, que el evangelio que os he predicado no es según el hombre. Porque yo no lo recibí ni lo aprendí de ningún hombre, sino que me fue revelado por Jesucristo**» (Gálatas 1:11-12). La revelación que Pablo recibió no fue menor que la que recibieron los doce primeros. Todos los apóstoles reciben la revelación de la misma manera, por el Espíritu de Dios, porque el Espíritu Santo nos trae lo que Jesús dice. Él nos revela a Cristo, y especialmente a los apóstoles, quienes luego llevan esa revelación a la iglesia para edificarla y madurarla.

Estas revelaciones traídas por los apóstoles siempre revelan a Jesús. Como tales, junto con las palabras de los profetas, son el fundamento de la iglesia. Los apóstoles y los profetas no solo ponen los cimientos, sino que también colocan la piedra angular elegida en el templo viviente del Señor (Zacarías 4:9-10).

Pablo escribe en Efesios 3:1-7 que Dios revela por medio del Espíritu misterios a Sus apóstoles y profetas para la iglesia.

Por esta razón, yo, Pablo, prisionero de Cristo Jesús por vosotros, gentiles:

– Si es que habéis oído hablar de la dispensación de la gracia de Dios que me fue dada para con vosotros, cómo por revelación me dio a conocer el misterio (como ya os he escrito brevemente, para que al leerlo podáis comprender mi conocimiento en el misterio de Cristo), que en otras épocas no fue dado a conocer a los hijos de los hombres, como ahora ha sido revelado por el Espíritu a sus santos apóstoles y profetas: que los gentiles serían coherederos, miembros del mismo cuerpo y copartícipes de su promesa en Cristo por medio del evangelio, del cual yo me hice ministro según el don de la gracia de Dios que me fue dado por la eficacia de Su poder.

Pablo no eligió por sí mismo ser apóstol de Dios. Tampoco los apóstoles y profetas de hoy eligen por sí mismos. Todos ellos son elegidos por Cristo Jesús. Pablo recibió una revelación increíble. Sin embargo, Pablo fue uno de los primeros apóstoles de su clase. Él no caminó físicamente con Cristo. Y el final será aún más glorioso en la revelación que reciben los apóstoles que el principio, porque vamos de gloria en gloria. Los últimos serán los primeros y los primeros serán los últimos.

Gálatas 1 y 2 dan un buen relato de lo que hizo Pablo después de su experiencia en el camino a Damasco. Pablo nos asegura en su carta a los Gálatas que lo que recibió no fue de ningún hombre, sino de Dios. Deja claro que no consultó inmediatamente a ningún hombre, ni siquiera a los que eran apóstoles antes que él. Solo conoció a Pedro y a Santiago tres años después. Luego, catorce años después, fue con Bernabé y Tito a ver a los que parecían ser los líderes en Jerusalén. (Véase también el relato de Lucas en Hechos 9).

Más tarde, Pedro vino a Antioquía y Pablo se opuso a él abiertamente, demostrando que no era inferior a él. Pablo utiliza las palabras «por el contrario» en el versículo 2 del capítulo 2, lo que parece indicar que Pablo estaba dando a los otros apóstoles la revelación de que los gentiles eran uno con Israel. Es probable que Pedro ya tuviera su experiencia con Cornelio en ese momento, además de que Pablo se había reunido con él años antes. Así pues, los demás apóstoles no añadieron nada al mensaje de Pablo ni le quitaron nada, sino que vieron que él había sido llamado para los gentiles.

Nosotros también podemos esperar recibir una revelación tan grande o mayor que la de Pablo y los demás apóstoles. Nosotros también estamos sentando los cimientos y colocando la piedra angular elegida. Trabajamos como uno solo con el Espíritu Santo para cumplir con nuestra parte en hacer discípulos de todas las naciones.

En Defensa

En 2 Corintios 10, especialmente en los versículos 2 y 8, Pablo defiende su autoridad apostólica.

Pero os ruego que, cuando esté presente, no tenga que ser valiente con esa confianza con la que pretendo ser valiente contra algunos, que piensan de nosotros como si anduviéramos según la carne... Porque aunque me gloríe un poco más de nuestra autoridad, que el Señor nos dio para edificación y no para vuestra destrucción, no me avergonzaré...

Defender su apostolado era algo habitual para Pablo. El versículo 2 de este capítulo muestra a la gente mirando a Pablo como si estuviera en la carne. Tenemos que tener cuidado de no hacer eso con las personas. Debemos mirar en el Espíritu. Los creyentes no son «simplemente humanos» (v. 14). Y como apóstoles, tenemos autoridad donde Dios dice que la tenemos, y no es arrogante decirlo. **«Porque no es aprobado el que se recomienda a sí mismo, sino el que el Señor recomienda»** (v. 18). Por lo tanto, el SEÑOR nos aprueba y no nos importa si las personas lo hacen o no. Pero definitivamente les importa a ellos, porque no pueden ser todo lo que Dios desea para ellos sin recibir a aquellos que Él envió.

Liberadores

El Señor también llama a sus apóstoles «Liberadores». Él dice: *«El espíritu de la religión y el espíritu de la muerte son lo mismo. La religión mata. Por eso es el espíritu de la muerte. Estoy sacando afuera a Mis apóstoles porque son grandes liberadores de la muerte. Tienen autoridad sobre la muerte. Están muertos para sí mismos y traen vida».*

Le pregunto al Señor: «¿La gente abandonará la religión?».

Él responde: *«Algunos lo harán, pero Mis apóstoles ayudarán a mantener la religión fuera de Mi verdadera iglesia. La reconocerán con la ayuda de los profetas. Han sido entrenados y tú y Kirk los ayudaréis aún más».*

Padres espirituales

Los apóstoles también son padres espirituales. En 2 Corintios 12:14, el apóstol Pablo dice que tenía hijos, aquellos a quienes enseñó y discipuló. Dice que gastó todo lo que tenía en ellos porque los padres ahorran para sus hijos, no los hijos para sus padres. Escribe: «**Porque aunque tengáis diez mil instructores en Cristo, no tenéis muchos padres; pues en Cristo Jesús yo os he engendrado a través del evangelio**» (1 Corintios 4:15).

Los apóstoles son padres porque producen descendencia. Así como el Espíritu Santo plantó la semilla en María y engendró a Jesús, los apóstoles plantan la Semilla (Jesús) en las personas, y Dios produce hijos espirituales. (1 Corintios 3:6-7 «**Yo planté, Apolos regó, pero Dios dio el crecimiento. Así que ni el que planta es algo, ni el que riega, sino Dios, quien da el crecimiento**»). Y esto es cierto tanto si el apóstol es hombre como mujer, porque nuestro espíritu es el mismo.

Un padre cuida y nutre a sus hijos. Él los cría, les da reglas cuando es necesario, pero siempre los entrena en las formas que deben seguir. Un padre también provee para sus hijos.

De la misma manera, los apóstoles también proveen para sus hijos: el pan y el vino de la sabiduría y la revelación, que es Jesús. Proporcionan poder y protección, y se sacrifican y dan su vida por el bien de sus hijos. Como dice Pablo, los apóstoles soportan el calor, por así decirlo, para que los que están bajo ellos puedan recibir las bendiciones. (Véase 1 Corintios 4:8-13).

Los apóstoles desean ver nacer a Cristo en las personas y que éstas crezcan en Cristo, tal como un padre natural desearía ver a su hijo nacer y crecer hasta convertirse en adulto.

Fíjate en el Padre. El Padre ha decidido que cualquiera que venga a Él debe venir por el Espíritu a través de Jesucristo. Por lo tanto, si tenemos el Espíritu Santo y entrenamos a alguien en el Espíritu Santo (en realidad no somos nosotros, sino la obra del Espíritu Santo), sería posible que podamos ser considerados padres.

Los apóstoles no pueden ser padres sin conocer al Padre. Nadie puede conocer al Padre, excepto a través del Hijo. Por lo tanto, los apóstoles deben conocer al Hijo, Quien revela al Padre a ellos. Jesús eligió a los primeros doce apóstoles para que estuvieran con Él, y ese sigue siendo el papel principal de los apóstoles hoy en día: estar con el SEÑOR. De Él viene la revelación del Padre. A través de esa relación, los apóstoles pueden ser padres de otros. De hecho, no es necesario ser apóstol para ser padre de otros. Cualquiera que forme a otra persona en el Espíritu Santo podría ser considerado un padre.

Los Enviados

Un apóstol es un enviado. Son enviados por Jesús. Los apóstoles son diferentes de los discípulos. Se nos dice que hagamos discípulos de todas las naciones, pero no podemos hacer apóstoles. Jesús elige a los apóstoles y Él mismo les enseña. Jesús tenía muchos discípulos (recuerden los 70/72), pero tomó a 12 discípulos y los designó apóstoles. Cuando Jesús llamó a los primeros apóstoles, esto es lo que está escrito: «**Entonces designó a doce, para que estuvieran con él y para enviarlos a predicar, y para que tuvieran poder para sanar enfermedades y expulsar demonios...**» (Marcos 3:14-15).

Los apóstoles son elegidos por Jesús y llamados para estar con Él. Pablo escribe en Romanos 1:5-6: «**Por medio de él hemos recibido la gracia y el apostolado para la obediencia a la fe entre todas las naciones por Su nombre, entre las cuales también estáis vosotros, los llamados de Jesucristo...**».

El llamado para los apóstoles hoy en día es el mismo. Los apóstoles son llamados para estar con el Señor. Su primera tarea es estar con Jesús para que puedan conocerlo y recibir revelación y poder de Él, de modo que Él pueda enviarlos a predicar con autoridad y poder. Los apóstoles están con Él para que Él pueda enviarlos.

Esto se demuestra en Hechos 13:2-3: «**Mientras ministraban al Señor y ayunaban, el Espíritu Santo dijo: «Apartadme a Bernabé y a Saulo para la obra a la que los he llamado». Entonces, después de ayunar y orar, les impusieron las manos y los enviaron».** Bernabé y Saulo estaban con Jesús, y entonces Él pudo enviarlos por medio de Su Espíritu.

Así pues, los apóstoles son enviados y se les da autoridad para la edificación del creyente, según 2 Corintios 10:8.

Enfoque Singular

Los apóstoles de Jesús son llamados por Él, y están singularmente enfocados en Él. Tienen una sola idea en mente: Jesús. Por ejemplo, Pablo predicó sin cesar hasta que un hombre se quedó dormido, se cayó por una ventana y murió. Eso no detuvo a Pablo. Simplemente lo resucitó de entre los muertos y siguió adelante. El enfoque era Jesús. Ni siquiera la muerte detuvo la predicación del mensaje.

A veces, algunas personas pueden cansarse de escuchar a los apóstoles enseñar lo mismo una y otra vez, es decir, escuchar al Espíritu Santo y seguirlo. Pero Pedro dijo en 2 Pedro 1:12: «**Por eso no seré negligente en recordarles siempre estas cosas, aunque ustedes las saben y están firmemente establecidos en la verdad presente**». Los apóstoles pueden recordar a las personas una y otra vez lo mismo, pero es porque están inclinados hacia la verdad y la fe, y desean que los demás sean iguales.

En verdad, los apóstoles de Cristo están singularmente enfocados en Él mientras llevan a Jesús a la iglesia.

A medida que un apóstol pasa tiempo con el Señor y recibe revelación, comenzará a conocer al Señor tal como es. Es imperativo que los apóstoles conozcan a Jesús tal como es, porque están entrenando a otros para que sigan a Jesús a través de Su Espíritu. No pueden entrenar a otros para que sigan a alguien que no conocen.

Por lo tanto, el Señor da a Sus apóstoles un enfoque singular en Él mismo. Los apóstoles desean a Jesús, Jesús, Jesús. No se conforman ni están satisfechos con nada más. Como tales, predicarán al Jesús resucitado tal como Él es.

Capitulo 3

EL MENSAJE DE LOS APÓSTOLES

Jesucristo ha establecido Su iglesia de tal manera que los apóstoles y profetas son los cimientos, y Él mismo es la Piedra Angular. Por lo tanto, los apóstoles y profetas reciben revelación de Jesús, la cual transmiten a la iglesia. Esto coloca a la iglesia en una buena posición, ya que entonces la iglesia está empoderada para ocupar su lugar y permanecer en su autoridad, derrotando las obras del enemigo. (Véase Efesios 6:10-final).

El Señor dice: *«Si hay revelación, ha venido a través de un apóstol»*. Esto es cierto porque los apóstoles tienen la tarea de recibir revelación para la iglesia. Incluso si un profeta u otra persona reciben revelación, ésta tendría que ser verificada por un apóstol y luego transmitida a la iglesia.

El mensaje de los apóstoles será el Jesús resucitado, tal como Él es, porque la iglesia está edificada sobre la revelación de Jesucristo. Tal y como Jesús le dijo a Pedro: «... *sobre esta roca edificaré mi iglesia*...» (Mateo 16:18). La roca es la revelación de Jesucristo.

El mensaje que predican los apóstoles vendrá con poder, dando testimonio de la verdad. Por lo tanto, la fe de los hombres estará en el poder de Dios y no en la sabiduría de los hombres. Como tal, el fundamento será fuerte, no defectuoso.

Si los cimientos de la iglesia se construyen sobre algo que no sea Jesús, serán defectuosos, incluso si esos cimientos son la Biblia. Si la iglesia se basa en la Biblia en lugar de en la revelación dada a los apóstoles y profetas, entonces se basa en la ley.

La iglesia ha estado utilizando la Biblia como su fundamento, pero el plan desde el principio era que los apóstoles y los profetas fueran su fundamento, con Jesús como la piedra angular. Por lo tanto, ¡es realmente sorprendente que la iglesia lo haya hecho tan bien como lo ha hecho! ¡Su fundamento real está pobremente fijado! El engaño es tan fácil como hacer que la gente lea la Biblia de una manera diferente de la que se pretendía, sin que haya forma (ningún apóstol o profeta) de corregir la mala doctrina. Debido a esto, la iglesia se ha construido sobre la sabiduría de los hombres.

Efesios 2:19-22 dice:

Por lo tanto, ya no sois extraños ni extranjeros, sino conciudadanos de los santos y miembros de la casa de Dios, habiendo sido edificados sobre el fundamento de los apóstoles y profetas, siendo la principal piedra angular Jesucristo Mismo, en quien todo el edificio, bien coordinado, va creciendo para ser un templo santo en el Señor, en quien vosotros también sois juntamente edificados para morada de Dios en el Espíritu.

Toda la iglesia está edificada sobre el fundamento de los apóstoles y profetas, porque es a través de ellos que viene la revelación de Jesucristo. A menos que los apóstoles estén en su lugar correcto, las cosas no funcionarán tan bien como Dios pretendía.

Pablo escribe:

Ahora bien, a aquel que es capaz de confirmaros por mi evangelio y la proclamación de Jesucristo, según la revelación del misterio oculto por largos siglos pasados, pero ahora revelado y dado a conocer por medio de las escrituras proféticas por mandato del Dios eterno, para que todas las naciones Le crean y Le obedezcan, ¡al único Dios sabio sea la gloria por los siglos de los siglos por medio de Jesucristo! Amén. (Romanos 16:25-27)

El evangelio es según la revelación de Jesús. Dios no ha terminado de revelarnos a Jesús. No podemos basar nuestras iglesias en la Biblia. Deben basarse en la revelación de Jesucristo, que es el fundamento de los apóstoles y profetas, con Jesucristo como piedra angular.

Las Escrituras dan testimonio de Jesús, pero no son Jesús. Tenemos que mantener las Escrituras en su lugar adecuado, que es como testimonio del Señor. Jesús es el Señor, no las Escrituras.

La gente exalta las Escrituras por encima de la escucha, pero eso es dispensacionalismo. ¿Por qué cuando Dios le habla a alguien tiene menos valor que las Escrituras? Lo que yo escucho se aplica directamente a mí. Las Escrituras pueden aplicarse o no directamente a mí. Vivimos de cada palabra que Él dice. Él no ha terminado con los apóstoles y profetas que establecen los cimientos de Cristo. Por lo tanto, Él no ha terminado con la revelación. La iglesia está edificada sobre la revelación de Jesucristo, que viene a través de los apóstoles y los profetas. Las palabras que recibimos ahora tienen el mismo valor y poder que cuando Jesús habló en la tierra. Es el mismo Padre, el mismo Espíritu y el mismo Jesús. La Palabra (Jesucristo) es la misma ayer, hoy y siempre.

Debemos alejarnos de la mentira que nos dice que la Biblia es la base de nuestra fe. Jesús es la base. Él es el fundamento. Él es la Palabra misma de Dios. Como escribe Pablo: «**Toda la Escritura es inspirada por Dios y útil para enseñar, para reprender, para corregir y para instruir en lo correcto...**» (2 Timoteo 3:16). Pablo escribió «toda la Escritura», pero cuando escribió esto, no existía la Biblia. Había escritos inspirados por el Espíritu Santo. Eso es lo que es la Escritura. Cuando un profeta profetiza según el Espíritu del Señor o cuando un apóstol recibe revelación del Espíritu del Señor hoy en día, ¿Cómo es eso menos que la Escritura que encontramos reunida en un libro que llamamos la Biblia?

Debemos entender que la iglesia de los últimos días será más grande que la primera. La revelación que recibamos será mayor, más completa. El poder en el que caminemos será mayor. Las propias obras que hagamos serán mayores que las que hizo Jesús cuando caminó sobre la tierra. Todo será mayor.

Por lo tanto, debemos desechar estas reglas creadas por los hombres que nos dicen que «el canon está cerrado», que «ya no se escriben más escrituras» y que «no podemos hacer lo que hizo la primera iglesia». Todo eso es mentira. Jesús no dice esas cosas. De hecho, el Señor dice: «**Yo no autoricé la recopilación de la Biblia. Se hizo aparte de Mí**».

La definición de «autorizar» es: permiso, aprobación o autorización que hace válida una línea de acción. (The American Heritage® Dictionary of the English Language, 5.ª edición). Esto significa que Dios no aprobó la recopilación de la Biblia. Quienes la juntaron lo hicieron aparte de Su Espíritu. Esto puede resultar impactante para algunas personas, pero probablemente no para los apóstoles del Señor. Si Jesús te ha llamado como apóstol, probablemente ya lo sabes por el Espíritu del Señor.

De nuevo, los escritos de la Biblia son útiles, pero no son el fundamento. Jesús lo es. Él es también la Piedra Angular y el mensaje que nosotros predicamos. Él es el Camino, la Verdad y la Vida.

De acuerdo a la gracia de Dios que me fue dada, como un arquitecto sabio, yo puse el fundamento, y otro edifica sobre él. Pero que cada uno mire cómo edifica sobre él. Porque no puede ponerse ninguna otra base, la cual es Jesucristo. (1 Corintios 3:10-11)

En Hechos 8, vemos a Felipe el Evangelista liderando un avivamiento en Samaria. Cuando los apóstoles en Jerusalén escucharon sobre ello, enviaron a dos de los apóstoles (Pedro y Juan) para que bautizaran a los nuevos creyentes en el Espíritu Santo y predicaran. Así pues, estos apóstoles fueron enviados para apoyar y ayudar después de que el evangelista hubiera hecho su trabajo, porque los apóstoles deben proclamar a Cristo, amonestando y enseñando a cada persona para que podamos presentar a cada creyente completo en Cristo.

Colosenses 1:25-29 establece un mandato para los apóstoles.

Me he convertido en su siervo [de la iglesia] **por el encargo que Dios me ha dado de presentaros la palabra de Dios en su plenitud, el misterio que ha permanecido oculto durante siglos y generaciones, pero que ahora ha sido revelado a los santos. A ellos Dios ha querido dar a conocer entre los gentiles las gloriosas riquezas de este misterio, que es Cristo en vosotros, la esperanza de gloria. Nosotros lo proclamamos a Él, amonestando y enseñando a todos con toda sabiduría, para que podamos presentar a todos perfectos**

en Cristo. Para este fin yo trabajo, luchando con toda Su energía, que obra poderosamente en mí. (NVI)

Los apóstoles predican a Jesucristo y a Él crucificado, tal como Pablo testifica en 1 Corintios 2:2, y reciben su revelación directamente de Jesús (Gálatas 1:12).

Pablo no podría haber obtenido nada de lo que escribió en Gálatas ni nada de lo que escribió en otros lugares estudiando la Ley o las Escrituras. Todo es revelación de Jesús. Lo mismo ocurre con los escritos de Pedro, Santiago, Juan, Junia (verdadera autora de Hebreos, según revelación del Espíritu Santo a Tiffany y Kirk) y Judas. Éstos son diferentes de los evangelios, que son un relato de algo, y no una revelación.

Los apóstoles (y los profetas) reciben revelación para la iglesia. Hebreos 11:17-19 es un ejemplo de cómo ocurre esto. Junia afirma (hablaremos más sobre Junia en el capítulo sobre los apóstoles mujeres):

«Por la fe Abraham, cuando fue probado, ofreció a Isaac, y el que había recibido las promesas ofreció a su único hijo, del cual se había dicho: «En Isaac te será llamada tu descendencia», concluyendo que Dios era capaz de resucitarlo, incluso de entre los muertos, de donde también lo recibió en sentido figurado». El Antiguo Testamento nunca dice en ninguna parte que esto fuera lo que Abraham pensaba. Sin embargo, Junia lo sabe. ¿Cómo lo sabe? Lo sabe por revelación de Jesucristo. El Nuevo Testamento está lleno de revelaciones, y todas ellas llegan de esta manera.

Cuando un apóstol recibe una revelación, puede verificarla con su profeta, y si su profeta confirma la revelación, el apóstol debe compartirla con valentía, a menos que el Espíritu Santo diga lo contrario. Hay ocasiones en las que el Espíritu Santo puede hacer que un apóstol retenga una revelación hasta un momento más oportuno. Sin embargo, la mayoría de las veces, la revelación está lista para ser enseñada al cuerpo de Cristo.

Los profetas asisten a los apóstoles en traer revelación. Una vez que se da a conocer la revelación, los pastores y maestros ayudan a los apóstoles y profetas a llevarla a la iglesia universal. Por ejemplo, en la segunda carta de Pablo a Timoteo, Pablo le da sus revelaciones a Timoteo y le pide que las comparta, no solo con las iglesias de las que él estaba a cargo, sino también con otros que pudieran enseñar esas mismas revelaciones.

Los apóstoles reciben revelación y los profetas escuchan al SEÑOR. La palabra del Señor viene a través de ellos. Así es como Jesús ha establecido Su iglesia y no funcionará en su plenitud a menos que lo hagamos a Su manera. El ministerio quíntuple y la iglesia misma no pueden ser todo lo que Dios desea a menos que los apóstoles estén en su lugar correcto, haciendo lo que se supone que deben hacer. La iglesia no puede alcanzar su pleno potencial sin el liderazgo de los apóstoles, porque así es como Jesús la estableció. Si pudieran, no necesitaríamos hacerlo a la manera de Jesús. Es como si no pudiéramos alcanzar la justicia de otra manera que no sea Jesús. Es Él o nada. Es imposible que la iglesia madure y alcance la medida completa de Cristo sin el liderazgo de los apóstoles. Esto no es una democracia. Es un reino, y significa que se rige a la manera del Rey.

Los profetas escuchan la Palabra del SEÑOR y los apóstoles manejan esa palabra. Pablo escribe en 2 Corintios 4:2:

Pero hemos renunciado a las cosas ocultas y vergonzosas, no andando con astucia ni manipulando la palabra de Dios engañosamente, sino presentando la verdad ante la conciencia de todos los hombres y a la vista y presencia de Dios.

A través de la palabra viene la revelación. Los apóstoles tienen la responsabilidad de manejar esa palabra correctamente. Son ellos quienes tienen la autoridad para hacerlo y a quienes se les ha dado la gracia para hacerlo.

El objetivo es hacer discípulos, tal como Jesús nos dijo en Mateo 28. Parte de esto es enviar la revelación dada a la iglesia, desde arriba hasta abajo. Fluye de Cristo a sus apóstoles y de allí hacia abajo hasta que toda la Iglesia lo recibe.

Por lo tanto, la tarea de llevar la revelación a la iglesia universal comenzará con los apóstoles, fluyendo abajo hasta los pastores y maestros, y desde allí se extenderá a toda la iglesia para que el cuerpo de Cristo sea edificado y crezca hasta la madurez.

La revelación que reciben los apóstoles no disminuirá con el tiempo. En otras palabras, los primeros apóstoles no son más grandes que los últimos. Por ejemplo, Pedro se refirió a los escritos de Pablo como Escritura cuando escribió: «**como todas las demás Escrituras**» (2 Pedro 3:16). Pedro sabía que si él o alguno de los otros apóstoles oía y escribía algo, era lo mismo que las otras Escrituras. La revelación es revelación. Es el mismo Espíritu en Pablo y Pedro que en los demás que escribieron las Escrituras entonces y que las escriben ahora.

Un ejemplo de revelación que recibió la primera iglesia es que la iglesia es un solo cuerpo, o que los judíos y los gentiles son uno en Cristo. Efesios 3:5-6 dice:

... lo cual en otras épocas no fue dado a conocer a los hijos de los hombres, como ahora ha sido revelado por el Espíritu a sus santos apóstoles y profetas; que los gentiles serían coherederos, del mismo cuerpo, y copartícipes de Su promesa en Cristo a través del evangelio...

No importa si uno es judío o gentil. Si están en Cristo, entonces son uno.

Efesios 2:14-18 dice:

Porque Él Mismo es nuestra paz, quien de ambos pueblos hizo uno, derribando la pared intermedia de separación, aboliendo en Su carne la enemistad, es decir, la ley de los mandamientos expresados en ordenanzas, para crear en Sí Mismo un solo hombre nuevo de los dos, haciendo entonces la paz, y que Él pudiera reconciliar a ambos con Dios en un cuerpo a través de la cruz, dando muerte así a la enemistad. Y Él vino y os predicó paz a vosotros, los que estabais lejos, y aquellos que estaban cerca. Porque por medio de

Él ambos tenemos acceso por un mismo Espíritu al Padre.

Solía ocurrir que, para participar de las promesas de Dios, había que convertirse en judío. Había un muro divisorio entre judíos y gentiles. Sin embargo, Jesús destruyó esa división en Su cuerpo. Él hizo de los dos uno solo. De modo que ahora, por la fe, tanto los judíos como los gentiles pueden ser salvos. Ahora no importa si uno nace en una familia judía o en una familia gentil. Ahora, todos llegan a Dios de la misma manera, por la fe en Cristo Jesús.

Efesios 4:4-6 afirma que solo hay un cuerpo a través de Jesús.

Hay un solo cuerpo y un solo Espíritu, así como fuisteis llamados en una sola esperanza de vuestro llamado; un solo Señor, una sola fe, un solo bautismo; un solo Dios y Padre de todos, que está sobre todo, y a través de todo, y en todos vosotros.

Los pactos, las promesas y las Escrituras fueron todos dados a Israel, por lo que fue una revelación increíble cuando Jesús reveló a los apóstoles y profetas que esto incluía mucho más que solo al Israel natural. ¡Porque Dios amó tanto al *mundo*, que Él dio a Su Hijo! Como escribe Pablo en Romanos 9:6-8:

Porque no todos los que descienden de Israel pertenecen a Israel, ni son todos hijos por ser semilla de Abraham, sino que «en Isaac tu semilla será llamada». Es decir, los que son hijos según la carne, no son hijos de Dios, sino que los hijos de la promesa son contados como semilla.

Por lo tanto, es por la fe que cualquiera es salvo. Tanto los judíos como los gentiles deben venir por el mismo camino, y ese camino es Jesús.

La ley dejó claro que no podíamos llegar a Dios por nuestros propios medios. No podíamos ser lo suficientemente buenos. Tanto los que tenían la ley como los que no la tenían, pecaron. Ambos necesitaban un Salvador. Por lo tanto, Jesús vino y cumplió la Ley y los Profetas por nosotros. Los que están en Cristo ya no están bajo la ley de la muerte. En cambio, seguimos la Ley del Espíritu, escrita en nuestros corazones y nuestras mentes. Somos uno en Cristo a través del Espíritu de Jesús. Los judíos no pueden afirmar que, por ser descendientes naturales de Abraham, son salvos. Tampoco pueden los gentiles afirmar que, por no ser descendientes naturales de Abraham y/o no haberse convertido al judaísmo, no pueden ser salvos. En cambio, como dice Jesús en Marcos 3:35, «**Cualquiera que hace la voluntad de Dios, ese es Mi hermano, Mi hermana y Mi madre**».

No hay ninguna reclamación a Dios (Jesús) en la carne. Es por la fe, para que sea por Su Espíritu, que somos salvos y hechos uno en Cristo. Esta es solo una revelación dada a un apóstol en el pasado. ¡Hay mucho más!

En Efesios 3, vemos que los apóstoles y profetas enseñan los misterios de Cristo, es decir, ellos enseñan revelación. Es a ellos a quienes se les da revelación para que puedan poner un fundamento correcto.

La fe es lo que nos lleva a tomar posesión de la revelación. Jesús requiere fe de nosotros cuando nos da revelación. Eso significa que las personas necesitan explorar la revelación y tomar posesión de ella. La fe toma posesión de la revelación, o no sirve de nada, que significa que ahora hay un cambio en alguien que ha recibido la revelación porque la fe actúa.

Por eso era importante que cuando la gente escuchaba las parábolas no se limitara a escucharlas y luego no hiciera nada. Tenían que hacer algo con lo que escuchaban. Si quieres más revelación, tienes que hacer algo con la revelación que has recibido. Los que tienen, reciben más; los que no tienen, incluso lo que tienen les es quitado.

Si tú eres un apóstol, recibirás revelación a través del Espíritu de Jesucristo, tendrás la ayuda de un profeta para ayudarte, liberarás esa revelación a aquellos que están bajo tu autoridad y ayudarás a edificar el cuerpo de Cristo hasta la madurez. Como apóstol, debes determinar vivir solo por revelación. No te dejes influir por el intelecto o por lo que parece ser una buena teología. Determina recibir solo revelación y enseñar solo revelación.

Capítulo 4
ESCRIBIENDO DOCTRINA APOSTÓLICA

Debido a que los apóstoles son Grandes Reveladores de Dios, tienen la autoridad y la tarea de llevar la doctrina correcta a la iglesia. Piensa en lo que eso significa. Es una responsabilidad muy seria tener la tarea de llevar la doctrina correcta a la iglesia. Por eso hablaremos de la necesidad de someterse a la autoridad de cualquier apóstol que el Señor ponga sobre ti, y de la necesidad de tener un profeta con quien trabajar. Los profetas ayudarán a sus apóstoles con la doctrina. Ellos verificarán su doctrina para asegurarse de que sea del Espíritu Santo, porque lo que estos apóstoles finales están escribiendo puede considerarse escritura. Si es del Espíritu Santo, ¿cómo no podría serlo?

¿Cómo puede lo que los profetas y apóstoles escriben hoy, que recibieron del Espíritu Santo, ser menos que lo que se escribió en generaciones anteriores? ¿Acaso el Espíritu Santo pierde poder con el tiempo? ¿Tenían aquellos que nos precedieron algo que a nosotros no se nos permite tener? ¿Ha cambiado Dios? ¿Quién decidió qué es Escritura y qué no lo es? ¿Quién recompiló la Biblia? ¿Por qué decidieron los hombres lo que los cristianos podían o no podían leer? ¿Quién les dio autoridad para hacer eso?

Recordemos lo que escribimos anteriormente sobre esto. El Señor dijo: *«Yo no auToricé la recopilación de la Biblia. Se hizo aparte de Mí»*.

Una vez más, «autorizar» significa «Permiso, autorización o aprobación que hace que una acción sea válida» *(The American Heritage® Dictionary of the English Language, 5.ª edició*n). El Señor no utiliza las palabras por casualidad. El hecho de que no autorizara la recopilación de la Biblia significa que no Él no dio Su permiso ni la aprobó. ¡GUAU!

Hay muchas profecías y escritos fuera de la Biblia que están inspirados por el Espíritu Santo. Por ejemplo, el Libro de Enoc (los primeros 59 capítulos) dan testimonio del Espíritu Santo. Es indiscutible que Enoc escribió Escritura. Jesús dijo a los saduceos que no conocían el poder de Dios ni las Escrituras, y luego Él se refirió a los escritos de Enoc sobre los ángeles que no se casan en el cielo. Esto significa que Jesús consideraba los escritos de Enoc como Escritura. Hay muchos otros ejemplos, tanto de la antigüedad como de escritores vivos hoy en día.

Esto no significa que todos los libros extra bíblicos sean Escritura, es decir, que estén totalmente inspirados por el Espíritu Santo. Por ejemplo, algunos de los otros libros de Enoc no tienen el testimonio del Espíritu Santo. O el libro de Jasher, como otro ejemplo, es histórico, pero el Señor dice que está adornado en algunas partes. Por eso debemos leer con el Espíritu Santo. Él es el Espíritu de la Verdad que nos guía a toda la verdad. Sin Él no conocemos la verdad. Con Él, podemos conocer las cosas profundas de Dios.

Cuando leemos la Biblia, o cuando leemos cualquier otra cosa inspirada por el Espíritu Santo, debemos leerla con el Espíritu Santo. Él es el Único que inspiró toda la Escritura, ya sea que se encuentre en la Biblia o fuera de ella. Por lo tanto, Él es el Único con autoridad para interpretar lo que significa.

Por último, tened en cuenta que el Espíritu Santo sigue trayéndonos lo que dice Jesús. A medida que los apóstoles se levanten en la iglesia de los últimos días, revelarán misterios a la iglesia. En otras palabras, nos traerán la revelación de Jesucristo. Estas revelaciones son dadas por el Espíritu Santo porque Él nos trae lo que Jesús está diciendo. Él exalta a Jesús. Entonces, ¿tendrían estos escritos de los apóstoles de nuestros días menos peso que los escritos de los apóstoles de la primera iglesia? En ese caso, ¿tendrán las profecías escritas por los profetas de hoy menos peso que las profecías escritas por los profetas del Antiguo Testamento? ¿No dijo Jesús que los últimos serían los primeros y los primeros serían los últimos? ¿No derrama más gloria sobre la iglesia de los tiempos del fin que sobre la iglesia primitiva? ¿No viene Él en busca de una Novia sin mancha ni arruga, es decir, una que no se deja engañar en absoluto, sino que camina en la verdad? ¿Cómo puede ser esto si a nuestros apóstoles y profetas, a quienes se les ha encomendado sentar las bases de la iglesia, no se les da la revelación que es la doctrina para la iglesia?

En lugar de creer que la Biblia es el único libro que contiene escritos inspirados por el Espíritu Santo, debemos escuchar la voz del Señor y reconocer dónde Él está hablando. Y debemos comprender que, como apóstoles, escribiremos las Escrituras, que serán la doctrina para la Iglesia.

Debemos desprendernos de todas las mentiras religiosas que nos dicen que «el canon está cerrado» o cualquier otra cosa que Jesús nunca dijo. Jesús es nuestro Maestro, no los hombres que establecen reglas para que las sigamos. Las Escrituras son Escrituras cuando Jesús dice que lo son. La doctrina es doctrina cuando Jesús dice que lo es. Él es la Cabeza de Su Iglesia. Él decide cómo se hacen las cosas, quién trae la revelación y qué es Escritura. Amén.

Capitulo 5

AUTORIDAD Y MANDATO APOSTÓLICO

La autoridad desciende de Jesucristo a Sus apóstoles y profetas, y desde allí se dispersa. De manera similar al don de profecía frente al oficio de profeta, todos pueden profetizar, pero no todos son profetas. Por lo tanto, todos tienen autoridad, pero no todos tienen la misma autoridad gobernante que los cinco oficios.

Los apóstoles gobiernan y caminan en poder y autoridad. Su objetivo es construir una morada para el SEÑOR por medio de Su Espíritu (Efesios 2 y 3) y traer Su Reino a la tierra: Su gobierno y autoridad. Su objetivo es enseñar a los santos (los discípulos de Jesús) a seguir al Espíritu Santo. El pueblo de Dios debe aprender a reconocer Su voz y seguirlo a Él.

Veamos al apóstol Pablo como ejemplo de autoridad apostólica. Al leer las cartas de Pablo, parece que él le dice a una iglesia que haga una cosa y a la siguiente iglesia que haga lo contrario. ¿Por qué Pablo tendría tantas reglas, especialmente cuando estas se contradecían entre sí? ¿Y cómo podría la gente seguir al Espíritu Santo si estaban sujetos a reglas?

Porque, aunque para este tiempo ya deberíais ser maestros, necesitáis que *alguien* os enseñe de nuevo los primeros principios de los oráculos de Dios; y habéis llegado a necesitar leche en lugar de alimento sólido. Porque todo el que *solo* toma leche *es* inexperto en la palabra de justicia, porque es un bebé. Pero el alimento sólido es para los que han alcanzado la madurez, *es decir*, para los que por el uso tienen los sentidos ejercitados para discernir tanto el bien como el mal. Por lo tanto, dejando atrás la discusión de los *principios* elementales de Cristo, avancemos hacia la perfección, sin volver a sentar las bases del arrepentimiento de las obras muertas y de la fe hacia Dios, de la doctrina de los bautismos, de la

imposición de manos, de la resurrección de los muertos y del juicio eterno. Y esto lo haremos si Dios lo permite. (Hebreos 5:12-6:3)

Como indica el escritor de Hebreos, los creyentes inmaduros a veces necesitarán normas que les ayuden a aprender a seguir al Espíritu Santo. Los apóstoles son los que tienen la autoridad para establecer reglas según las necesidades de los creyentes. Eso es precisamente lo que hicieron Santiago y los apóstoles con el Espíritu Santo para los nuevos creyentes cuando dijeron algo así como: «Nos ha parecido bien, junto con el Espíritu Santo, daros estas pocas reglas para ayudaros». Y esto es precisamente lo que hizo Pablo con algunas iglesias específicas que necesitaban algunas reglas para empezar. Luego, a medida que las personas se desarrollan espiritualmente, el Espíritu puede cambiar las cosas. Pero estas reglas NO son reglas para toda la iglesia. Son reglas para los creyentes nuevos o inmaduros según las iglesias específicas. Es como algo que podemos ver y decir: «Ah, vale. Así es como funciona», y luego, en nuestra autoridad apostólica, podemos establecer reglas según nuestras iglesias si los nuevos creyentes las necesitan. Todo está guiado por el Espíritu porque se ajusta a las necesidades del creyente.

Esto es similar a lo que hacemos con nuestros hijos. Les damos reglas cuando son pequeños, pero a medida que maduran y aprenden a seguir al Espíritu Santo, no les damos tantas reglas, o ninguna en absoluto. Si demuestran que no pueden manejar esa madurez, entonces tenemos que volver atrás y darles más reglas de nuevo.

Las reglas que establecen los apóstoles están en vigor hasta la madurez, no necesariamente hasta la mayoría de edad. Así como un heredero menor de edad tiene personas a cargo que establecen reglas para él hasta que madure, los apóstoles establecen reglas para las diversas iglesias y personas que las necesitan hasta que maduren en el Espíritu. (Véase Gálatas 4:1-7).

El objetivo es la madurez en Cristo. Efesios 4:13 dice que los cinco ministerios están establecidos hasta que «**todos lleguemos a la unidad de la fe y del conocimiento del Hijo de Dios, a un hombre perfecto [completo/maduro], a la medida de la estatura de la plenitud de**

Cristo...». Por lo tanto, cada regla que da un apóstol debe ser del Espíritu Santo para ayudar a la iglesia a alcanzar esta madurez.

Puesto que habéis muerto con Cristo a los principios básicos de este mundo, ¿por qué, como si aún pertenecierais a él, os sometéis a sus reglas: «¡No manejéis! ¡No probéis! ¡No toquéis!»? Todas estas cosas están destinadas a perecer con el uso, porque se basan en mandamientos y enseñanzas humanas. Tales regulaciones tienen, en efecto, apariencia de sabiduría, con su adoración autoimpuesta, su falsa humildad y su duro trato al cuerpo, pero carecen de cualquier valor para refrenar las faltas sensuales. Colosenses 2:20-23 (NVI)

El tipo de reglas que Pablo describe arriba son mundanas y no provienen del Espíritu Santo, por lo que no vienen con el poder necesario como para obedecerlas. Las reglas que Pablo y otros apóstoles establecen son reglas del Espíritu y, cuando se dan, también vienen acompañadas de la gracia (el poder) para obedecerlas.

¡Marcad mis palabras! Yo, Pablo, os digo que si os dejáis circuncidar, Cristo no os servirá de nada. Una vez más declaro a todo hombre que se deje circuncidar que está obligado a obedecer toda la ley. (Gálatas 5:2-3)

Aquí Pablo muestra que, como apóstol, tiene el derecho y la autoridad de establecer reglas y leyes que el pueblo debe obedecer para ayudarlo a seguir correctamente al Espíritu. Sin embargo, no deben someterse a la ley, porque de lo contrario Cristo no significará nada para ellos. No somos justificados por la ley. La única manera de ser justificados es a través de Cristo. No tenemos reglas que nos lleven a la salvación. Aún estás justificado solo por Cristo. Las reglas y las leyes solo te ayudan a aprender a seguir al Espíritu porque «si sois guiados por el Espíritu, no estáis bajo la ley (Gálatas 5:18 NVI).

Las personas que siguen necesitando que se les establezca una base no son capaces de madurar. Pero aquellos que aprenden a seguir, pueden dejar las reglas y seguir al Espíritu. Damos reglas hasta que una persona o iglesia aprende a seguir en esa área.

¡Es tan liberador! No estamos bajo la ley. Estamos bajo el Espíritu y todas estas reglas están hechas de acuerdo con el Espíritu, por apóstoles que son nombrados por Jesucristo. Esta es otra razón por la que alguien no puede nombrar a un apóstol. Deben ser nombrados por el SEÑOR Jesucristo.

Además de tener autoridad para establecer normas que deben seguir sus diversas iglesias, el Señor dice que la autoridad que tiene cada apóstol estará determinada por el lugar donde el Señor los coloque y el título que les otorgue. Por ejemplo, el Señor me ha llamado a mí (Tiffany) «Apóstol de los Tiempos del Fin sobre las Naciones» y ha llamado a Kirk «Profeta de los Tiempos del Fin sobre las Naciones». Las palabras «los tiempos del fin» son como un apéndice que se ha añadido a nuestro papel de Apóstol y Profeta. Este título que se nos ha otorgado no es para que podamos dominar a los demás, sino por el papel que el Señor desea que cumplamos en la Iglesia de los Tiempos del Fin.

También estamos «sobre las naciones». Esto significa que tenemos autoridad sobre los apóstoles y profetas de las naciones del mundo. Por ejemplo, el apóstol sobre Kenia, David Wewa, está bajo nuestra autoridad. O el apóstol sobre el Reino Unido e Irlanda, Paul Washington, está bajo nuestra autoridad. Cada uno de estos apóstoles estaría entonces por encima de todos los demás apóstoles de sus naciones, etc. Estamos al frente de un movimiento en el que estamos llamando afuera a los apóstoles y profetas para que puedan guiar a la iglesia hacia su plenitud. Como tales, se nos ha dado autoridad para liderar.

Como Kirk es mi profeta, se le ha otorgado mi autoridad y título. Como tal, Kirk tiene más autoridad que la mayoría de los apóstoles. Nunca habrá un profeta que no esté sujeto a un apóstol, pero el título y la autoridad del apóstol a veces se otorgan al profeta del apóstol debido a su trabajo en equipo. Con el tiempo, a medida que se defina la posición de cada apóstol, se añadirá una adenda a su título que todos los demás reconocerán. Esta adenda describirá su lugar y sus límites en cuanto a su autoridad. Pronto será evidente cuál debe ser esta adenda. Algunos estarán por encima de ciudades, otros de estados, otros de países, etc. A medida que esto se revele, la adenda se otorgará a cada apóstol. El Señor dice que, en parte, la adenda depende de lo que el apóstol haga con lo que se le ha dado.

Los demás miembros del ministerio quíntuple (evangelistas, pastores y maestros) no tendrán este sistema de designación de su autoridad en la iglesia. Estas adiciones son para los Apóstoles y, como tales, para sus Profetas, que reclamarán sus títulos y autoridad gracias a su trabajo en equipo.

El papel del evangelista, el pastor y el maestro será más local y/o de alcance limitado en comparación con el de los apóstoles y los profetas. Dondequiera que estén, estarán bajo un apóstol y un profeta, y nunca reemplazarán la autoridad en la iglesia que se le ha dado a un apóstol o profeta. Es probable que los evangelistas viajen, pero dondequiera que lleven el Evangelio, esa zona pronto quedará bajo un apóstol y un profeta. Los evangelistas no «reivindicarán» ninguna zona en la que ministren, aunque trabajen en una zona concreta durante largos periodos de tiempo.

Una de las cosas que hace un apóstol con su autoridad es promulgar decretos y mandatos. Un decreto es «una orden autoritaria con fuerza de ley; la sentencia de un tribunal de equidad; o la sentencia de un tribunal». (Diccionario American Heritage de la lengua inglesa) Un decreto apostólico es aquel que cuenta con el respaldo de la mayor autoridad otorgada al hombre. El Señor confiere autoridad en Su iglesia según lo considera oportuno. Esa autoridad es reconocida en el cielo, se reconozca o no en la tierra. La autoridad terrenal no es nada en comparación con la autoridad celestial.

Nos beneficia reconocer la autoridad tal como lo hace el Señor, porque se puede lograr mucho cuando un apóstol camina en su autoridad y emite decretos en su autoridad como apóstol. Estos decretos serán más que simples reglas que deben seguir las diversas iglesias. A menudo se parecerán a los decretos que encontramos en la oración que Jesús enseñó a sus discípulos a rezar.

La oración del Señor (El Padrenuestro) es un ejemplo de un decreto que cada uno de nosotros puede orar. No se trata solo de pedirle a Dios que haga algo, sino de pedir o declarar que se haga Su voluntad en la tierra tal como se hace en el cielo. Cada persona que tiene el Espíritu de Cristo viviendo en ella puede hacer decretos de acuerdo con el Espíritu Santo. Cada persona en Cristo tiene autoridad. Sin embargo, los decretos apostólicos tienen más autoridad porque su oficio tiene más autoridad según el Cielo.

Cuando un apóstol decreta que algo se haga en la tierra o en el cielo, cuenta con el respaldo del Cielo según su autoridad. Este tipo de decreto suele darse en la guerra espiritual y según el nivel de influencia que se le haya asignado al apóstol. Por ejemplo, si un apóstol está al frente de dos iglesias domésticas, su decreto generalmente se dará en esa esfera de influencia. Si el apóstol está al frente de naciones, su decreto se dará sobre naciones.

Cuando Pablo dio reglas a las diversas iglesias que supervisaba, estaba haciendo una especie de decreto para que ellas lo siguieran. Cuando el concilio de apóstoles y ancianos de Jerusalén dio algunas reglas para que las siguieran los nuevos creyentes gentiles, estaban dictando un decreto o un mandato de acuerdo con su autoridad que los nuevos creyentes debían seguir. En todos estos casos, los decretos tenían por objeto llevar al pueblo a la unidad con el Espíritu Santo. Fueron otorgados para ayudar a las iglesias a seguir al Espíritu Santo.

La influencia de un individuo puede ser vista espiritualmente en el número o tipo de ángeles que se le asignan. Sabemos que un ángel que trabaja con un apóstol será un ángel de gran poder y fuerza. Puede ser un ángel que está por encima de muchos otros ángeles, dependiendo del tipo de apóstol con el que trabaje. Alguien que no es apóstol y no ocupa uno de los oficios de los ministerios quíntuples normalmente no tendrá un ángel tan alto en rango como el ángel de un apóstol. Por lo tanto, cuando el apóstol dicta un decreto, los ángeles que trabajan con él lo llevan a cabo. En cambio, cuando alguien que no ocupa el cargo de apóstol dicta un decreto, los ángeles que trabajan con esa persona son menos y tal vez tengan menos autoridad.

Tanto si nos gusta como si no, o pensemos que es justo o no, Jesús da mayor autoridad a Sus apóstoles que la que Él da a otros en el cuerpo de Cristo. Sin embargo, esto no significa necesariamente que siempre caminarán con más poder, porque algunos con un oficio menor podrían operar con mayor fe, pero los apóstoles tendrán mayor autoridad. Por lo tanto, el decreto de un apóstol es el que viene con la mayor autoridad dada al hombre.

Un mandato apostólico es similar a un decreto. La palabra «mandato» puede tener varios significados. El diccionario Merriam Webster dice que un mandato es una orden oficial para hacer algo. Por lo tanto, un mandato apostólico sería una orden oficial de un apóstol para que la iglesia haga algo.

En Hechos 15 vemos cómo se forma un mandato apostólico. Los apóstoles en Jerusalén se reunieron para mandar lo que los nuevos creyentes gentiles debían hacer con respecto al cumplimiento de la ley, la circuncisión, etc. Lo que decidieron no fue una ley para mantener a los nuevos creyentes gentiles en esclavitud. Sino que fue una orden para ayudarlos a elegir el camino correcto mientras aprendían a seguir al Espíritu Santo. Los apóstoles, como personas a quienes se les ha dado gran autoridad, tienen la libertad de mandar por el Espíritu del Señor en el gobierno de la iglesia. Una orden de un apóstol es algo que no debe tomarse a la ligera. Como escribe Pablo en 1 Corintios 14:37-38 (TPT): **«Si alguien se considera profeta o persona espiritual, que discierna que lo que os escribo tiene la autoridad del Señor. Y si alguien sigue sin reconocerlo, ¡que no sea reconocido!»**.

Para ejercer adecuadamente su autoridad, los apóstoles trabajarán con profetas, quienes les ayudarán a escuchar al Señor, recibir orientación y aportar corrección, dirección, instrucción y juicio a la iglesia. El siguiente capítulo trata sobre trabajar con los profetas.

Capitulo 6

TRABAJANDO CON PROFETAS

El Señor dice: «*Los profetas ayudan a dirigir y a navegar. Traen Mis palabras y ayudan a mantener a Mis apóstoles humildes. Me sirven y están dedicados a Mí. Muchos son diferentes de los apóstoles a los que servirán, y los apóstoles deben acudir humildemente a ellos en busca de ayuda. Ahora es el momento de que los profetas brillen, porque eso es lo que deseo que hagan. Cuanto más ridícula parezca la promesa o la palabra, más brillarán cuando se cumpla y se demuestre que tenían razón*».

Los profetas navegan y los apóstoles capitanean el barco. Un profeta dará una palabra al apóstol, pero a menudo el apóstol recibirá detalles específicos sobre cómo se cumplirá la palabra. Las instrucciones específicas suelen ir al apóstol, y no al profeta. Dicho esto, los apóstoles tienen el don de unir las piezas. Toman las palabras del Señor y son capaces de unirlas para ver el panorama general. Por ejemplo, cuando Kirk y yo escribimos devocionales para nuestro canal devocional, el papel de Kirk es escuchar la declaración profética o el tema. Él me da esa declaración profética o tema, y yo le pido al Espíritu Santo la revelación sobre ese tema o profecía.

Cuando los profetas ven el panorama general, están viendo hacia el futuro. Le transmiten lo que ven a su apóstol, quien luego acude al Señor para que le aclare lo que significa. El Señor le dará al apóstol detalles sobre la verdad de lo que ha visto su profeta.

Cuando los apóstoles ven el panorama general, es porque se les ha dado la capacidad de revelar. Por lo tanto, tomarán muchas cosas que su profeta ha visto y oído, y las unirán todas juntas en un solo panorama general. Los profetas ven en parte, pero con los apóstoles las partes pueden convertirse en un todo para que todos lo vean.

La siguiente definición de navegador aclarará aún más cómo funciona esto.

Los navegadores son responsables de la navegación de un barco o una aeronave, lo que requiere ser consciente de la posición. Sus funciones incluyen trazar el mapa del viaje, evitar cualquier peligro durante el trayecto y asesorar al capitán o comandante sobre el tiempo estimado en ruta hasta el destino. Los navegadores se encargan de mantener las comunicaciones del barco o la aeronave, las publicaciones y cartas náuticas, los equipos de navegación y los dispositivos meteorológicos. En el mundo de la fuerza aérea, los navegadores modernos tienen la tarea de desempeñar funciones de copiloto y emplear sistemas de armas. (www.zippia.com)

El Señor es muy inteligente al usar la palabra «navegador» para describir a los profetas. Cuando observamos lo que hacen los navegadores en el mundo natural, vemos que los profetas hacen todas esas cosas en lo espiritual. Nos dicen dónde estamos espiritualmente; ven los peligros que se avecinan y trazan un plan de acción; aconsejan a los apóstoles qué ruta tomar y cuánto tiempo debería llevar el llegar allí; mantienen una comunicación constante con el Espíritu Santo para mantenernos informados; y, cuando es necesario, ayudan a pilotar el barco con su apóstol, incluso participando en la guerra espiritual.

La colaboración entre la navegación y la dirección del barco (la Iglesia) tiene muchas facetas. En primer lugar, los apóstoles y los profetas comenzaron a construir la iglesia con Jesús como fundamento, y ellos la terminarán. «**Las manos de Zorobabel han puesto los cimientos de este templo; Sus manos también lo terminarán. Entonces sabréis que el SEÑOR de los ejércitos Me ha enviado a vosotros**» (Zacarías 4:9).

El objetivo es una morada de Dios en el Espíritu. Efesios 2:19-22 dice:

Ahora, por lo tanto, ya no sois extranjeros ni forasteros, sino conciudadanos de los santos y miembros de la casa de Dios, habiendo sido edificados sobre el fundamento de los apóstoles y profetas, siendo Jesucristo Mismo la piedra angular, en quien todo

el edificio, estando bien establecido unido, crece para ser un templo santo en el Señor, en quien también vosotros sois edificados juntamente para morada de Dios en el Espíritu.

Sabemos que Dios ya no habita en un templo de ladrillo y piedra. Él habita en la humanidad. Los apóstoles y profetas están construyendo ese tipo de templo, uno en el que Dios morará. Trabajan con hombres, mujeres y niños para que el cuerpo de Cristo pueda ser lleno de Su Espíritu y seguir Su voz, trayendo Su Reino a la tierra.

Y, tal como el Señor le dijo al profeta Zacarías: «**Esta es la palabra del SEÑOR a Zorobabel: «No por poder, ni por la fuerza, sino con mi Espíritu», dice el Señor de los ejércitos**» (Zacarías 4:6), los apóstoles y profetas no pueden hacer esto con sus propias fuerzas. Es solo por el Espíritu del SEÑOR que pueden lograr lo que Jesús ha elegido para que ellos hagan, sin importar cuán difícil sea la tarea, porque Dios dice: «**¿Quién eres tú, oh gran montaña? ¡Ante Zorobabel te convertirás en llanura!**» (v. 7).

Jesús es la piedra angular y el pilar de carga. Él es el primero y el último. Dios dice en Zacarías que los apóstoles y los profetas traerán la piedra angular y el pilar de carga. Ya han hecho el comienzo y ahora lo terminarán. Ellos están junto al Señor y derraman el aceite dorado, la palabra pura del Espíritu, para que toda la iglesia arda con el fuego santo del Espíritu del SEÑOR Jesucristo.

Debido a que los apóstoles y los profetas son los fundamentos de la iglesia con Jesús como la piedra angular, ellos son los que reciben la revelación para la iglesia, y nadie más. Es su responsabilidad. Los profetas oyen, y los apóstoles revelan lo que los profetas han oído. El Señor dice: «*La profecía y la revelación van de la mano porque me revelan a Mí*».

Como escribe Pablo en Efesios, debemos llevar la revelación de Jesús a la iglesia para que ella pueda dar a conocer la sabiduría de Dios en los lugares celestiales.

A mí, que soy menos que el más pequeño de todos los santos, se me ha concedido esta gracia: anunciar entre los gentiles las insondables riquezas de Cristo y dar a conocer a todos cuál es la comunión del misterio que desde los siglos está oculto en Dios, quien creó todas las cosas por medio de Jesucristo; con el fin de que ahora la multiforme sabiduría de Dios sea dada a conocer por la iglesia a los principados y potestades en los lugares celestiales, según el propósito eterno que Él cumplió en Cristo Jesús nuestro Señor... (Efesios 3:8-11)

La sabiduría del Señor viene a través de revelación. Y los apóstoles y profetas trabajan juntos para llevarla a la iglesia.

La revelación es típicamente el dominio de los apóstoles y profetas, pero se da al cuerpo como alimento para edificarlo. Debe ser recibida para hacer cualquier bien, y es Dios quien trae el crecimiento, no el apóstol o el profeta. Ellos simplemente plantan semillas y riegan.

Los religiosos son engañados porque siguen un evangelio diferente. Necesitamos a los apóstoles y profetas. De lo contrario, es muy difícil permanecer fieles al evangelio. Por ejemplo, Deuteronomio 13:1-5 (NVI) dice:

Si entre vosotros aparece un profeta o alguien que predice el futuro mediante sueños y os anuncia una señal milagrosa o un prodigio, y si la señal o el prodigio que ha anunciado se cumple, y él dice: «Sigamos a otros dioses» (dioses que no habéis conocido) «y vayamos a adorarlos», no debéis escuchar las palabras de ese profeta o soñador. El SEÑOR vuestro Dios os está poniendo a prueba para saber si Le amáis a Él con todo vuestro corazón y con toda vuestra alma. Es al SEÑOR vuestro Dios a quien debéis seguir, y a Él debéis reverenciar. Guardad Sus mandamientos y obedecedle a Él; servidle a Él y aferraos a Él. Ese profeta o soñador debe ser condenado a muerte, porque ha predicado la rebelión contra el SEÑOR vuestro Dios, que os sacó de Egipto y os redimió de la tierra de la esclavitud; ha tratado de apartaros del camino que el SEÑOR vuestro Dios os mandó seguir. Debéis purgar el mal de entre vosotros.

Este pasaje es sorprendente. Los sueños y profecías que se cumplen pueden ser una prueba del SEÑOR. ¿Cómo sabrás si este es el caso? ¿Cómo sabrás si la profecía dada que se cumple no proviene del SEÑOR? Necesitas a los apóstoles y profetas en su lugar correcto en la iglesia. Los sueños, visiones, profecías y revelaciones deben ser sometidos a los apóstoles y profetas que gobiernan el cuerpo de Cristo.

El sistema del mundo debe abandonar la iglesia. ¡La iglesia debe salir del sistema del mundo y entrar en el sistema de Jesús! Jesús es el SEÑOR de su iglesia y el SEÑOR de todo. La revelación de que los sueños, las visiones, las profecías y las revelaciones deben ser sometidas a los apóstoles y profetas es sorprendente para la iglesia actual porque les resulta extraña. Debemos comenzar a operar en el sistema de Jesús, la forma en que Jesús estableció Su iglesia para que funcionara.

Además de navegar y dirigir hacia dónde va la iglesia y traer revelación a la iglesia, los apóstoles y profetas también tienen la tarea de traer juicio. Ninguno de los otros oficios (evangelista, pastor, maestro) trae juicio. Los apóstoles y profetas tienen la mayor autoridad espiritual y traen la Palabra del Señor, por la cual somos juzgados.

El profeta traerá la palabra dura y el apóstol traerá la verdadera doctrina/revelación de Jesús. Debido a que los profetas traen corrección, etc., realmente necesitan la cobertura espiritual de los apóstoles.

Los apóstoles pueden ser corregidos por otro apóstol o por un profeta que tenga el mismo nivel de autoridad o uno superior al de su propio profeta, pero los apóstoles no serán corregidos por los demás oficios. Una de las razones por las que los profetas pueden corregir a los apóstoles es porque los profetas tienen libertad para escuchar a Dios y dar una dirección diferente. El evangelista, el pastor o el maestro también pueden escuchar algo y llevarlo a la atención del apóstol para que lo aborde, pero no es lo mismo que la corrección de un profeta.

Los apóstoles también necesitan profetas porque, aunque los apóstoles toman buenas decisiones cuando no se trata de ellos mismos, les cuesta tomar buenas decisiones cuando se trata de ellos mismos. El Señor dice: «*¿No ves que Pablo se defiende a sí mismo como apóstol a menudo? Los apóstoles defienden su autoridad. Por eso los apóstoles tienen problemas para tomar decisiones sobre sí mismos, porque tienden a defender su autoridad*». Al tratar de entender lo que el Señor está diciendo, un apóstol trataría de defender su autoridad, y esto puede interferir con su capacidad para escuchar la voz del Espíritu Santo. Los profetas ayudan a los apóstoles a escuchar con claridad en estos casos.

Está en el corazón de un apóstol querer controlar, gobernar, instruir y liderar. Es correcto que los apóstoles sean así. Un profeta es igual, pero solo en ausencia de un apóstol. Cuando el apóstol está presente, el profeta es pasivo. Por esta razón, es más fácil para el profeta escuchar en presencia del apóstol, y también es la razón por la que los apóstoles encuentran difícil escuchar. Están centrados en dirigir, gobernar, etc. y puede interferir con su capacidad para escuchar. Pero cuando el profeta está en presencia del apóstol, el profeta no se distrae por eso y puede descansar más fácilmente, haciendo que la escucha sea más fácil. A veces a los apóstoles no les gusta escuchar a través de un profeta, pero el SEÑOR lo ha establecido de esta forma.

Además, a los apóstoles les resulta difícil escuchar palabras que no les gustan o conceptos con los que no están de acuerdo. Los apóstoles tienden entonces a escuchar lo que quieren o esperan escuchar. Les resulta difícil romper con esto debido a la inclinación de su corazón a liderar, pero se puede lograr con la práctica. Esta es también una gran razón para pedir al Espíritu Santo el don de la fe, un don que Él ama dar a sus apóstoles.

Debido a sus diferencias, los apóstoles y los profetas a veces no se llevan bien. En el pasado, Kirk y yo nos encontrábamos discutiendo a veces. Era muy extraño porque a veces ninguno de los dos estaba equivocado, pero vemos las cosas de manera diferente y no siempre parecemos entendernos. Si lo permitimos, esto puede llevar a la ira, la ofensa y la frustración.

El Señor nos dijo: «*Estas cosas surgen debido a vuestro llamado. Es el problema que los apóstoles y los profetas han tenido desde siempre.*

Los apóstoles son como reyes. Para ellos, las cosas están encendidas o apagadas. Encienden un interruptor de luz y esperan que se encienda. Los profetas son diferentes. Entienden que hay misterios y cosas que no comprenden. Por ejemplo, pueden escuchar durante cinco horas y no oír nada». Los apóstoles no tienen esto.

Cuando los apóstoles y los profetas se juntan, a veces no pueden entender por qué el otro no piensa como ellos. Los apóstoles piensan: «Simplemente hazlo». Los profetas piensan: «Sé paciente y espera en el Señor». Es por eso que los profetas agobian a los apóstoles y viceversa. Cada uno debe ser paciente con el otro y creer lo mejor sobre el otro. Cada uno necesita escuchar al Espíritu Santo y aprender a ser guiados por el amor.

La recompensa del profeta es el SEÑOR. No se trata solo de conocer información, aunque eso sea impresionante y útil. Cuando discernimos el llamado de alguien, no podemos dejarnos engañar por alguien que opera poderosamente en el don del Espíritu de Profecía y pensar que esa persona debe ser un profeta. El don es grandioso, incluso increíble, pero no implica necesariamente un llamado de Jesús. Aquellos que tienen el don de la profecía suelen ser bienvenidos dondequiera que vayan porque sus palabras son amorosas, amables y alentadoras. Un profeta tiene la tarea de transmitir las duras palabras del SEÑOR, y eso no siempre encaja con las ideas que la gente tiene sobre el amor, amabilidad y ánimo. El hecho de estar espiritualmente cubiertos por sus apóstoles ayuda a estos profetas a dar un paso adelante y declarar con valentía la palabra del Señor.

Los apóstoles lideran, y la recompensa del profeta es la cercanía con el Señor. Entre ellos, saben cuándo dar un paso adelante con valentía y liderazgo y cuándo ser moderados. Esto es hablar del liderazgo en el cuerpo de Cristo. Es por revelación que esto sucede.

La moderación y la obediencia son dos rasgos clave de los apóstoles y profetas, aunque no lo parezca. Aunque el Padre es excesivo (en amor y misericordia, y a veces incluso en provisión), Él no es derrochador. Por eso, nos atrae constantemente hacia su manera de hacer las cosas.

Los profetas y los apóstoles trabajarán juntos durante estos tiempos del fin, y es importante que aprendan a trabajar bien juntos, a apreciarse mutuamente y a edificarse unos a otros. Jesús tiene en mente al profeta adecuado para cada apóstol. Si eres apóstol y necesitas un profeta, solo tienes que pedirlo. El Señor te enviará al adecuado. Y, dependiendo de tu función, es posible que recibas a varios profetas para que te ayuden.

Capitulo 7

EL GOBIERNO DE LA IGLESIA

El Señor no ve una organización cuando mira a su iglesia. Él ve personas. Las ve siguiendo a un apóstol y profeta. Las ve trabajando juntas, como una red, sin importarles la raza, el sexo, el idioma o cualquier otra característica humana. Las personas son libres de moverse entre los apóstoles de esta red. No hay favoritismos, y todos los líderes están interesados en hacer discípulos de Jesús, no de sí mismos ni de su secta. Solo promueven a Jesús y su Reino.

Segunda de Corintios 6:3-10 NVI dice:

No ponemos ningún obstáculo en el camino de nadie, para que nuestro ministerio no sea desacreditado. Más bien, como siervos de Dios, nos recomendamos en todo: en gran resistencia; en tribulaciones, dificultades y angustias; en azotes, encarcelamientos y disturbios; en trabajo duro, noches sin dormir y hambre; en pureza, comprensión, paciencia y amabilidad; en el Espíritu Santo y en amor sincero; en palabras veraces y en el poder de Dios; con armas de justicia en la mano derecha y en la izquierda; a través de la gloria y la deshonra, la mala fama y la buena fama; auténticos, pero considerados impostores; conocidos, pero considerados desconocidos; moribundos, pero seguimos vivos; golpeados, pero no muertos; tristes, pero siempre alegres; pobres, pero enriqueciendo a muchos; sin nada, pero poseyendo todo.

El Señor dice: *«¡Estos son los que verdaderamente me siguen! Los piadosos que se sientan en los bancos, que tienen muchos amigos («una familia eclesiástica»), no son los verdaderos seguidores que Mis ojos buscan. Aquellos que están dispuestos a perseverar, a permanecer firmes en la fe y a amarme hasta el final son aquellos a los que Mi corazón sigue anhelando conocer. ¡Esos son Mis discípulos disciplinados que escuchan Mi voz y se apresurar a obedecerme¡ ¡Ellos son los hijos a los que Yo favoreceré, y sí, glorificaré¡.*

Explicación sobre los cinco Ministerios

El gobierno de la iglesia comienza con la cabeza, Quien es Jesucristo. Debido a que Jesús es la Cabeza, Él es el Único que dirige a Su iglesia.

1. Efesios 1:22 **«Y sometió todas las cosas bajo sus pies, y lo dio por cabeza sobre todas las cosas a la iglesia...».**

2. Efesios 5:23 **«Porque el marido es cabeza de la mujer, así como Cristo es cabeza de la iglesia, y él es el Salvador del cuerpo».**

3. Colosenses 1:18 **«Y él es la cabeza del cuerpo, que es la iglesia; Él, quien es el principio, el primogénito de entre los muertos, para que en todo tenga la preeminencia».**

Como cabeza de su iglesia, Jesús decide cómo ésta se dirige. Con este fin, ha dado dones a la iglesia. Estos dones son los Apóstoles, los Profetas, los Evangelistas, los Pastores y los Maestros.

1. Efesios 4:7, 11-12 **«Pero a cada uno de nosotros se nos ha dado la gracia según la medida del don de Cristo... Y él mismo dio a unos ser apóstoles, a otros profetas, a otros evangelistas, a otros pastores y maestros, a fin de equipar a los santos para la obra del ministerio, para la edificación del cuerpo de Cristo...».**

2. Hechos 1:24-26 **«Y orando, dijeron: "Tú, Señor, que conoces los corazones de todos, muestra cuál de estos dos Tú has escogido para tomar parte en este ministerio y apostolado, del cual Judas se apartó, para ir al lugar que le correspondía". Y echaron suertes, y la suerte cayó sobre Matías. Y fue contado con los once apóstoles».**

Para obtener el nombre de Matías, propusieron a dos personas que habían estado con ellos desde el comienzo del bautismo de Juan y que eran testigos de la resurrección de Cristo, pero fue Jesús quien eligió a

Matías, tal como ellos le pidieron al Señor que les mostrara a quien Él ya había elegido.

Como nota al margen, ya no necesitamos echar suertes para determinar a quién ha elegido Jesús. Los apóstoles hicieron esto antes de recibir el bautismo del Espíritu Santo. Ahora, todo lo que tenemos que hacer es preguntar al Espíritu Santo a quién ha elegido Jesús. Él lo dejará claro a Sus apóstoles y profetas para que puedan nombrar a estos ministros elegidos para ayudar a edificar el cuerpo de Cristo.

3. Gálatas 1:1 «**Pablo, apóstol (no de parte de los hombres ni por medio de hombre alguno, sino por medio de Jesucristo y Dios el Padre, quien lo resucitó a Él de entre los muertos)...**».

Pablo continúa escribiendo en los versículos 16-24 que Jesús lo llamó, lo eligió, y él (Pablo) no consultó con nadie al respecto porque fue Cristo mismo quien lo eligió. Así es como aún Jesús elige a sus apóstoles hoy en día. Él los elige y los levanta. Ellos reciben revelación de Él, y la aceptación o no aceptación de los demás no es importante para ellos. Lo que les importa es seguir al Señor Jesucristo.

En este manual nos centramos en los apóstoles, pero cada ministro quíntuple es elegido por Jesús. Esto es diferente de los dones del Espíritu Santo. Hay una diferencia entre dar un don a alguien (el Espíritu Santo da dones) y el asignar una tarea a alguien. A los ministros quíntuples se les ha asignado una tarea. Ellos <u>son</u> el don para la iglesia. Se les asigna la tarea de hacer su parte para edificar el cuerpo de Cristo hasta que el cuerpo sea maduro y semejante a Cristo. En otras palabras: ellos hacen verdaderos discípulos de Jesús. Estos ministros no solo tienen dones, sino que son los dones que Jesús ha dado a Su iglesia para ayudar a edificarla en unidad y madurez.

Cada oficio tiene un llamado único. Piensa en ello como en una lanza.

En la punta de la lanza está el Evangelista. Él es el primero en ir a los lugares más peligrosos, lugares que pueden o no quererlo allí, lugares que están en desacuerdo con el cristianismo. Él viene con gran poder y está dotado de una gran fe para liberar ese poder, de modo que la punta de la lanza dé en el blanco y abra el camino para que el resto de la lanza haga su trabajo. Sus dones son emocionantes y atraen a los hombres. Utiliza palabras de conocimiento, diciendo a las personas cosas sobre sí mismas que solo Dios podría saber. Opera con dones de sanidad y milagros, demostrando el poder de Cristo sobre lo demoníaco. Y predica un mensaje de arrepentimiento y amor porque su papel en la formación de discípulos es hacer que las personas nazcan de nuevo en Cristo.

Justo detrás del Evangelista, la lanza se ensancha. La parte de la lanza detrás de la punta son los Apóstoles y los Profetas. Esta parte de la lanza sigue siendo afilada. Es arriesgado estar en este extremo de la lanza porque es donde está el filo. Los Apóstoles y Profetas siguen a los evangelistas en su trabajo. Ellos traen el bautismo del Espíritu Santo si el Evangelista aún no lo ha hecho. También traen consigo la palabra del Señor y la verdadera doctrina. Los Apóstoles y Profetas trabajan en equipo, proporcionando cobertura espiritual a los nuevos creyentes, edificándolos en la fe y la verdad, y guiándolos hacia las iglesias domésticas u otros grupos de creyentes que ayudarán a discipularlos. Mientras que el Evangelista generalmente no pasa mucho tiempo en un solo lugar, los Apóstoles y Profetas pasarán todo el tiempo que sea necesario en un área, asegurándose de que de que los nuevos creyentes hayan obtenido una base sólida (fundamento) antes de trasladarse a otro lugar.

Detrás de la punta de la lanza viene el mango. Aquí es donde los Pastores y Maestros siguen detrás de la punta. Están detrás de la punta afilada de la lanza. Su papel es generalmente el menos peligroso. Los Maestros y Pastores apoyan la punta para que sea eficaz. El mango de la lanza es muy grande para sostener una punta pequeña. Los Maestros y Pastores serán numerosos para ayudar a apoyar a los Evangelistas, Apóstoles y Profetas que conforman la punta.

Los Pastores vienen directamente detrás de los Apóstoles y Profetas y actúan como pastores que cuidan el rebaño del Señor. No consideran que el rebaño sea suyo, sino que lo consideran como pertenece a Jesús.

Mantienen a la iglesia volando correctamente, al igual que el mango de la lanza se utiliza para mantener la lanza volando correctamente. Ellos hacen esto llevando a sus iglesias las enseñanzas de los Apóstoles y Profetas.

Los Maestros siguen a los Pastores al final del mango de la lanza, que es el eje. Los Maestros suelen tener una o varias enseñanzas que transmiten al cuerpo de Cristo. Estas enseñanzas son aquellas sobre las que han recibido revelación. Viajan por todas partes enseñando, o pueden quedarse en un lugar, y los Apóstoles y Profetas les envían a personas para que se formen bajo su tutela durante un tiempo.

Cada uno de los cinco ministerios también tiene distintos grados de autoridad en la iglesia. Comienza con el conocimiento de que Jesús es la Cabeza de la Iglesia a través de Sus apóstoles, quienes están por encima de los demás ministerios que están bajo ellos. La autoridad fluye de Jesús a Sus apóstoles, luego a los profetas, luego a los evangelistas, luego a los pastores y luego a los maestros. Cada creyente tiene autoridad en Cristo, pero a los cinco ministerios se les da autoridad para gobernar. Necesitamos humillarnos y estar de acuerdo con el Señor en cuanto al gobierno de Su iglesia.

El Señor dice: «*La humildad no tiene nada que ver con el rango. Los cinco ministerios no eligen con quién servir, pero pueden elegir NO servir con alguien. Así que, un apóstol asigna a los cinco ministerios con quienes servir, pero aquellos en los cinco ministerios pueden negarse. Por ejemplo, un apóstol puede elegir poner juntos a un evangelista y a un pastor, pero el pastor puede elegir no servir con el evangelista. Es su elección. Es similar a los ángeles, que son asignados pero pueden elegir y pedir al Señor que cambie su asignación. Sin embargo, ningún ministro quíntuple tiene la autoridad para rechazar MI decisión. (Si digo que un determinado apóstol está por encima de una determinada iglesia, el pastor no tiene otra opción excepto si Me lo pide a Mí).*

Los profetas sirven como Mi voz entre los cinco ministros. Yo hago que conozcan Mis intenciones.

Toda disputa debe ser resuelta por un apóstol, y un apóstol sabio buscará la guía de un profeta en estos asuntos».

El Señor también dice: *«No miréis a «una» iglesia. Mirad a «la» iglesia, Mi iglesia. Por lo tanto, el evangelista es la punta de lanza que proclama sin temor el Evangelio. El pastor guarda Mis ovejas, pero ellas no son suyas. El maestro provee instrucción a las ovejas. Todo esto ocurre bajo la atenta mirada del apóstol. El apóstol asigna tareas al profeta, como por ejemplo, cuando una situación requiere una palabra profética, o posiblemente, un apóstol ve que otro apóstol necesita un profeta y ese apóstol asignará un profeta al otro apóstol cuando vea esa necesidad. El profeta también ve dónde debe ser utilizado o enviado, pero en este caso consulta con un apóstol.*

El Apóstol es un tomador de decisiones, un líder, y toma decisiones de acuerdo con la voluntad de Dios. Los Apóstoles no tienen en cuenta la dificultad o el riesgo de una tarea. Sus decisiones se basan en lo que el Señor desea. Pueden parecer fríos o sin emociones, pero el Señor los ha entrenado para Su obra. La guía que da un apóstol <u>siempre</u> demostrará ser correcta y acertada porque la mano derecha del Señor está sobre ellos y Él no permitirá que fracasen, y el deseo de los apóstoles es siempre y únicamente complacer al Señor.

La visión del Apóstol sobre las cosas es siempre una visión macro; él abarca el panorama <u>general</u>.»

Además, cualquier otra persona designada para gobernar en la iglesia será nombrada por un Apóstol. Por ejemplo, en el libro de Tito, Pablo escribe sobre los ancianos en una iglesia. El Señor dice al respecto que el apóstol Pablo estaba instruyendo a Timoteo sobre cómo establecer una iglesia en Creta. El hecho de que Pablo estableciera una iglesia utilizando ancianos e instruyera a Tito sobre cómo hacerlo encaja perfectamente con Efesios 4 y el ministerio quíntuple. Pablo, al ser apóstol, tenía autoridad para hacerlo en este caso concreto. Esta forma de gobierno (ancianos en Creta) está entonces bajo el quíntuple ministerio. No sustituye ni puede sustituir al ministerio quíntuple tal y como lo estableció Jesús. Los pastores, las iglesias, los ministerios, los misioneros, etc. no tienen el lujo de sustituir el quíntuple ministerio a su antojo. El apóstol (como Pablo) tiene esta responsabilidad bajo la guía del Espíritu Santo.

Primera de Corintios 14:37-38 (TPT) dice:

Si alguien se considera profeta o persona espiritual, que discierna que lo que os escribo tiene la autoridad del Señor. Y si alguien sigue sin reconocerlo, ¡que no sea reconocido!

El Señor dice que un mandato apostólico siempre será reconocido como proveniente del Señor por aquellos que son espirituales.

Jesús dirige una teocracia, no una democracia. El Suyo es un Reino. Solo funcionará de la manera en que Jesús lo ha establecido. No importa si pensamos que es justo o no. Jesús es quien elige a los que forman parte del ministerio quíntuple, y Él es quien nos dice cómo se dirige su iglesia. Estamos aquí para establecer Su reino, no el nuestro. Por lo tanto, no debería importarnos qué papel desempeñamos. Todos le servimos a Él.

Y las personas no pueden crecer hasta alcanzar el papel de apóstol o cualquier otro papel de liderazgo. Las personas son elegidas por Jesús para su papel. Es posible que necesiten ser entrenadas para ello, pero son elegidas por Jesús. Eso es todo. Jesús es la cabeza de la iglesia a través de Sus apóstoles. Los pastores no son los líderes de la iglesia. Los apóstoles lo son.

El gobierno apostólico apoya, equipa y empodera. Los apóstoles y profetas ayudan a equipar a las personas para el ministerio. Nosotros ponemos los cimientos con Cristo como la piedra angular.

Como miembros del ministerio quíntuple, aquellos a quienes ministramos se beneficiarán de nosotros en un sentido espiritual.

«Por lo tanto, fuimos sepultados con Él mediante el bautismo en la muerte, <u>para que</u>, así como Cristo fue resucitado de entre los muertos por la gloria del Padre, también nosotros podamos vivir una nueva vida». (Romanos 6:4 NVI)

«Estas fueron Sus instrucciones: «No lleguéis nada para el camino, salvo un bastón; ni pan, ni bolsa, ni dinero en vuestro cinto. Calzaos sandalias, pero no lleguéis túnica de repuesto»» (Marcos 6:8-9 NVI).

El Señor dice: «*No deis a las personas la esperanza de obtener algo de este mundo a través de vosotros. Vuestro don es dar nueva vida, no algo que puedan obtener de este mundo. Ni siquiera se deben otorgar roles de liderazgo, excepto por Jesús. Esta vida, este movimiento, está en la novedad de la vida y en darle gloria a Él. La ganancia humana está excluida*» (22 de noviembre de 2018).

Aunque el Señor nos dijo esto a Kirk y a mí, el mensaje es para cada uno de nosotros. No debemos dar a las personas la esperanza de obtener algo de nosotros en lo natural, sino que lo que ofrecemos es espiritual. Eso es algo que durará para siempre.

Sin embargo, esto no significa que no seamos generosos. El pueblo de Dios es el más generoso de la tierra. Tenemos corazones que desean dar. Pero las cosas que duran para siempre son aquellas en las que debemos centrarnos, no las ganancias humanas.

Los Apóstoles también proporcionan cobertura de autoridad a las iglesias domésticas. Las dificultades que encuentran las nuevas iglesias domésticas pueden verse frustradas en muchos casos al contar con la cobertura apostólica, ya que los apóstoles han recibido autoridad de Jesús para gobernar y equipar al cuerpo de Cristo.

Gobernar y equipar incluye proporcionar dirección, corrección y doctrina a las iglesias domésticas. Un apóstol no debe tratar de controlar una iglesia doméstica, sino que brindará dirección y corrección cuando sea necesario. La iglesia doméstica necesita estar abierta a la dirección y corrección de su apóstol. Jesús da a Sus apóstoles una visión general de la iglesia, lo que significa que los apóstoles velarán porque sus iglesias domésticas estén operando dentro de esa visión general.

A los apóstoles también reciben revelaciones para la iglesia. Por lo tanto, la doctrina que se enseña dentro de la iglesia doméstica debe ser verificada por el apóstol. Esto no significa que nadie pueda hablar a menos que el apóstol lo verifique primero. Solo significa que la doctrina fluye de los apóstoles a la iglesia. Por ejemplo, ¿hay diferentes puntos de vista en una iglesia sobre el significado de un pasaje de las Escrituras? Bueno, la iglesia debe pedirle a su apóstol que lo aclare. Si el apóstol no sabe la respuesta de inmediato, le preguntará al Señor, quien le dará la respuesta. Es parte de la «descripción de su trabajo» recibir revelación para la iglesia. El Señor es muy fiel en dársela, incluso si necesitan pedir ayuda a otro apóstol.

Además, los apóstoles cubren sus iglesias domésticas en oración. El apóstol Pablo es un gran ejemplo de esto. Él oraba a menudo por sus iglesias y recibía el impacto de los ataques del enemigo. Así es como funciona. Piensa en ello como en una bola de cristal de nieve. El apóstol se coloca sobre las iglesias que están bajo su autoridad. Las iglesias están cubiertas por el cristal de la bola de nieve. El apóstol es ese cristal. Por lo tanto, los ataques del enemigo golpearán el cristal y no lo que hay debajo. El apóstol puede ser atacado, pero lo que él cubre escapará a muchas de las flechas. Por lo tanto, también es una buena idea que las iglesias oren por sus apóstoles. Jesús cubre a los apóstoles y los equipa para cubrir a otros, pero orar por los apóstoles es muy útil.

Los apóstoles también están equipados para atender las necesidades de todas las iglesias que el Señor les asigne. Si tú eres apóstol, no estarás presente en todas las reuniones de las iglesias que supervisáis. En cambio, los apóstoles irán de iglesia en iglesia, comprobando las cosas y asegurándose de que los miembros de las iglesias están siendo discipulados y enviados. Ayudarán en todo lo que sea necesario y, a menudo, vendrán con su profeta. Otras veces, pueden enviar a su profeta en su lugar. También pueden dar instrucciones a un pastor para que las transmita a la iglesia. Su presencia en cada reunión no será necesaria y podrán ocuparse de todo lo que el Señor les encomiende. Es Su gracia la que es suficiente para cada uno de nosotros.

Jesús elige a sus apóstoles y luego los equipa para la tarea. Ellos cubren sus iglesias y ayudan a equiparlas para que sean todo lo que Dios desea que sean.

La iglesia está edificada sobre la revelación de Jesucristo a través de sus apóstoles. (Mateo 16:17-19) Las puertas del infierno no prevalecerán contra la iglesia que está edificada correctamente sobre el fundamento (v. 18). A los apóstoles se les ha dado la autoridad del Reino de los Cielos. Ellos tienen la máxima autoridad (v. 19) y pueden delegar autoridad.

Atar y desatar es para todos los creyentes, pero atar y desatar sobre la iglesia es para los apóstoles. Además, como las personas se someten a los apóstoles, estos pueden delegar en otros para que aten y desaten en su lugar.

Jesús estableció Su iglesia y ésta no funcionará plenamente hasta que la aceptemos tal como Él la estableció y le sigamos a Él en esto. Primero dio apóstoles (1 Corintios 12:28). Esto se debe a que los otros ministerios quíntuples no pueden funcionar plenamente en sus llamamientos hasta que los apóstoles estén en su lugar.

El SEÑOR nos mostró una visión de una red, en la que habría un apóstol supervisando a varios grupos de personas. Pero, según fuera necesario, estas personas podrían moverse entre los apóstoles. En esta red, todos trabajaban juntos. Además, un apóstol puede estar al frente de más de un millón de personas, pero tendría otros apóstoles trabajando bajo su mando para ayudarle a supervisar al pueblo de Dios. Es similar a cuando Moisés juzgaba a Israel y conseguía que otras personas le ayudaran a juzgar, pero le llevaban los casos más difíciles.

Debemos tener en mente que el Reino de los Cielos no es una democracia. Nuestras iglesias no deben ser dirigidas por una junta directiva ni por votación. Es un reino. El Rey está al mando. Él designó a los apóstoles para dirigir la iglesia. En 2 Corintios 12:13 vemos que se esperaba que un apóstol estuviera al frente de cada iglesia, no un pastor ni una junta directiva. « **¿Cómo erais inferiores a las otras iglesias, excepto en que nunca os fui una carga? ¡Perdonadme este**

agravio!». Antes de este versículo, Pablo dice que las cosas que caracterizan a un apóstol las hizo Pablo con gran perseverancia. Luego comenta que, si él es su apóstol, ¿cómo es que son de alguna manera inferiores a las otras iglesias? Obviamente, no lo eran, pero debían de estar quejándose porque Pablo no era uno de los «superapóstoles».

Me he ridiculizado, pero vosotros me habéis empujado a ello. Deberíais haberme elogiado, porque no soy en absoluto inferior a los «superapóstoles», incluso pensando que no soy nada. Las cosas que caracterizan a un apóstol —señales, prodigios y milagros— las hice entre vosotros con gran perseverancia. ¿En qué fuisteis inferiores a las otras iglesias, salvo en que nunca fui una carga para vosotros? ¡Perdonadme este agravio! (2 Corintios 12:11-13)

Pablo trajo una gran revelación a sus iglesias porque la iglesia necesita una doctrina sólida. Lo mismo ocurre hoy en día. Los apóstoles son necesarios en la iglesia para impartir una doctrina sólida porque se les ha dado revelación. Sin ellos en su lugar adecuado, cada pastor y maestro dirá cualquier cosa que él piense que es correcta. Y sabemos que todo debe ser por revelación. Es muy diferente a lo que gran parte de la iglesia está acostumbrada.

La doctrina que los apóstoles reciben del Espíritu Santo no será inferior a la de los apóstoles que nos han precedido. Como se ha señalado anteriormente, revelación es revelación.

Los apóstoles son necesarios hasta el regreso del SEÑOR, como declara Efesios 4. De lo contrario, cuanto más te alejas de los apóstoles originales, más te alejas del evangelio si no hay nuevos apóstoles que ocupen su lugar, porque el fundamento de la iglesia está construido sobre los apóstoles y los profetas.

No podemos obligar a las personas a someterse a nosotros, pero si quieren alcanzar su máximo potencial, deben someterse a un apóstol. Tito 1:1 dice: «**Pablo, siervo de Dios y apóstol de Jesucristo, de acuerdo a la fe de los elegidos de Dios y el reconocimiento de la verdad que concuerda con la piedad...**». Pablo está diciendo que es apóstol de Jesucristo según la fe de las personas que reconocen la verdad. En otras palabras, si reconocen la verdad de que él es apóstol, lo aceptarán como tal. Él es apóstol independientemente de ello, pero solo es apóstol para ellos si lo creen. Ellos solo se beneficiarán de ello por fe.

Aunque todos escucháramos bien a Dios, seguiríamos necesitando apóstoles. Creer que no necesitamos apóstoles sería suponer que podríamos prescindir de la revelación misma. ¿Habrá alguna vez un momento en la tierra en el que podamos decir que no hemos necesitado revelación? Esto se aplicaría también a los profetas, porque nunca habrá un momento aquí en la tierra en el que no necesitemos profecía. Escuchar bien a Dios no solo significa escucharlo a Él personalmente, sino que también implica ser capaz de escucharlo a Él a través de otros. Dios ha dado a sus apóstoles para que el cuerpo de Cristo pueda ser edificado en todo lo que fue creado para ser. Los apóstoles establecen el fundamento correcto, que es absolutamente necesario para un edificio fuerte en el Señor.

El gobierno, ya sea en la iglesia o en el mundo, tiene como objetivo empoderar y proteger. Por lo tanto, cuando pensamos en el gobierno de los apóstoles y profetas sobre la iglesia, vemos que ellos también protegen a los que están bajo su autoridad (el cuerpo de Cristo) y empoderan al cuerpo de Cristo para traer el Reino de los Cielos a la tierra. Sin los apóstoles en su lugar, la iglesia será débil y estará sujeta a grandes ataques del enemigo.

La Verdad es inmutable, y la Verdad es Jesús. Jesús dio dones a la iglesia. No se supone que esto deba cambiar. El hecho de que los cinco ministerios no funcionen como lo hacían al principio o como lo harán al final no significa que los hechos no vayan a cambiar. La Verdad cambia los hechos. El Señor está arrojando luz sobre la verdad de cómo quiere que funcione Su iglesia en los últimos días. Estamos entrando en tiempos gloriosos donde la Iglesia realmente se parecerá a Su Maestro, y lo conseguiremos porque nos humillamos a nosotros mismos y hacemos las cosas a la manera de Jesús.

Capítulo 8

MUJERES APÓSTOLES

Con el cambio del sacerdocio, hubo un cambio en la ley. La ley impedía que las mujeres lideraran; el Espíritu cambió eso. Jesús abrió el camino para que hombres y mujeres entraran en el Lugar Santísimo y fueran igualmente llenos de Su Espíritu.

Hombres, mujeres y niños trabajamos en equipo sin renunciar a nuestra masculinidad o feminidad. Nos empoderamos mutuamente. Protegemos, defendemos y amamos. Reflejamos cómo Dios, Jesús y el Espíritu Santo trabajan juntos, totalmente como Uno.

Efesios 4:8 (NVI) dice: «**Esto es lo que dice: «Cuando ascendió a lo alto, llevó cautivos en su séquito y dio dones a los hombres»**». La palabra «hombres» aquí significa «ser humano, ya sea hombre o mujer; genéricamente, para incluir a todos los individuos humanos; para distinguir al hombre de los seres de un orden diferente [animales y plantas, Dios y Cristo, ángeles]» (Concordancia de Strong G443). Así pues, Jesús da los dones de apóstoles, profetas, evangelistas, pastores y maestros, y dentro de estos dones, Él elige a hombres y mujeres.

Ya sean hombres o mujeres, los apóstoles son «**administradores de los misterios de Dios**» (1 Corintios 4:1). Y los apóstoles son necesarios porque los apóstoles son padres. «**Porque aunque podáis tener diez mil instructores en Cristo, no tenéis muchos padres; pues en Cristo Jesús yo os he engendrado por medio del evangelio**» (1 Corintios 4:15). Esto es cierto tanto si el apóstol es hombre como mujer, porque nuestros espíritus son iguales. Los espíritus de las mujeres no están sujetos a los espíritus de los hombres en el cielo. Seremos como los ángeles, tal y como dijo Jesús en Mateo 22:30.

La gente se confunde acerca del liderazgo de las mujeres debido a algunos de los escritos del apóstol Pablo. Abordemos esas cuestiones:

A los ojos de los judíos, las mujeres eran propiedad. Para los romanos, las mujeres podían hacer cualquier cosa con la aprobación de sus maridos o padres. Y para los griegos, las mujeres eran muy apreciadas, como diosas. Así que, en 1 Timoteo 2:11-15, Pablo se dirigía a Timoteo, que pastoreaba en Éfeso, una ciudad griega con problemas relacionados con las diosas. Corinto era otra ciudad griega con problemas relacionados con las diosas.

Así que, al examinar el versículo que dice: «No permito que la mujer tenga autoridad sobre el hombre», la palabra «autoridad» es una palabra diferente de otros usos de la autoridad en la Biblia (1 Timoteo 2:12). Esta palabra griega en particular significa: «el que con sus propias manos mata a otro o se mata a sí mismo; el que actúa por su propia autoridad, autocrático; un amo absoluto; gobernar, ejercer dominio sobre alguien» (Concordancia de Strong G831). Obviamente, se trata de una palabra muy negativa, y refleja que estas mujeres enseñaban herejías. Pablo estaba preocupado por las herejías en la iglesia.

Una de las apóstoles que Pablo menciona en Romanos 16:7 es Junia. El nombre Junia solo es femenino en griego. Algunos traductores de la Biblia han cambiado el nombre de Junia por Junias en un intento de convertirlo en masculino. Sin embargo, Junias, el «nombre masculino» dado a la apóstol Junia, es un nombre hipotético. No es un nombre real.

El 7 de febrero de 2017, en medio de la noche, el SEÑOR me dijo que Junia era una apóstol de la más alta categoría y que el hombre que la acompañaba era solo un apóstol. (El hombre que la acompañaba era Andrónico). Le pregunté qué significaba que Junia fuera una apóstol de la más alta categoría y me dijo que era sierva de todos y que tenía una autoridad tremenda. (Creo que hay más sobre el orden más elevado, pero eso es lo que tengo hasta ahora).

Por esa época, el Espíritu Santo también nos dijo que una mujer había escrito el libro de Hebreos. El Espíritu Santo nos dijo que esta mujer había sido influenciada por Pablo. Eso es evidente, ya que la escritura recuerda a la de él, aunque no es exactamente igual que la que él escribe.

Tomando estas pistas del Espíritu Santo, leí Hebreos con el Espíritu Santo mientras pedía la verdad. Él me mostró varias cosas que indicaban que la apóstol Junia realmente escribió el libro de Hebreos.

Lo primero que hay que destacar es Hebreos 10:34, que dice: «**Porque tuvisteis compasión de mí en mis cadenas, y aceptasteis con alegría el saqueo de vuestros bienes, sabiendo que tenéis una posesión mejor y duradera en el cielo**». Por lo tanto, el autor de Hebreos estuvo encarcelado al menos en un momento dado. Esto nos lleva a la carta de Pablo a los Romanos, capítulo 16, versículo 7: «**Saludad a Andrónico y a Junia, mis compatriotas y compañeros de prisión, que son de renombre entre los apóstoles, y que también estuvieron en Cristo antes que yo**». Como podemos ver, Junia estuvo en prisión con Pablo en algún momento.

Es evidente que trabajaba en estrecha colaboración con Pablo. En hebreos 13:23 dice: «**Sabed que nuestro hermano Timoteo ha sido liberado, con quien os veré si viene pronto**». Junia trabajaba con aquellos con quienes trabajaba Pablo, lo que demuestra su estrecha relación con él.

Además, Junia escribe Hebreos como un apóstol, no como algunos de los otros escritores del Nuevo Testamento que solo registran acontecimientos y conversaciones. Hebreos está lleno de revelaciones, por un lado, pero ella también dice a sus lectores: «**Orad por nosotros, pues estamos seguros de tener buena conciencia, deseando en todo vivir honorablemente. Pero os exhorto especialmente a que hagáis esto, para que pueda ser restituida a vosotros cuanto antes**» (Hebreos 13:19). Junia escribe a aquellos sobre los que tiene autoridad, de manera similar a como Pablo se dirige a sus iglesias, deseando ser restituida pronto a ellos.

Por supuesto, también podemos ver que, además de ser apóstoles, las mujeres también desempeñan otros roles de liderazgo. Priscila dirigía una iglesia doméstica y Felipe tenía cuatro hijas que profetizaban. Y, por supuesto, Débora era profetisa y jueza bajo el Antiguo Pacto. Si Dios puede levantar a una mujer líder bajo el Antiguo Pacto, no deberíamos esperar menos bajo el Nuevo Pacto.

En 1 Pedro 2:18-3:6, Pedro les dice a los esclavos que obedezcan y soporten con paciencia sus circunstancias. Luego les dice «del mismo modo» a las esposas que se sometan a sus maridos. En ninguno de los dos casos Pedro está tolerando el mal. La esclavitud no es buena y que los maridos dominen a sus esposas tampoco lo es; es parte de la maldición (Génesis 3:16). Sin embargo, si esa es la sociedad en la que nos encontramos, así es como debemos responder. Debemos ser sumisas y sufrir con paciencia, confiando en Dios y tal vez ganándonos a nuestros maridos o a nuestros amos con nuestra conducta.

En Hechos 2:17-21, Pedro cita al profeta Joel y no hace ninguna distinción entre hombres y mujeres, sino que dice:

«En los últimos días, dice Dios, derramaré mi Espíritu sobre toda la humanidad. Vuestros hijos e hijas profetizarán, vuestros jóvenes tendrán visiones, vuestros ancianos tendrán sueños. Incluso sobre mis siervos y siervas derramaré mi Espíritu en aquellos días, y profetizarán. Mostraré prodigios arriba en el cielo y señales abajo en la tierra, sangre y fuego y nubes de humo. El sol se convertirá en tinieblas y la luna en sangre antes de que llegue el día grande y glorioso del Señor. Y todo aquel que invoque el nombre del Señor será salvo».

En un momento dado, escuchamos que debíamos pedirle al Espíritu Santo que defendiera mi apostolado (el de Tiffany), ya que probablemente surgirían problemas de autoridad en algunas iglesias domésticas. Hay quienes necesitan que expongamos las Escrituras, etc., en defensa de las apóstoles mujeres. Nosotros creemos al Señor porque lo escuchamos, pero otros pueden no creer solo por escuchar. Necesitan que se les exponga una defensa. Si no quieres creer solo por escuchar, entonces necesitas pruebas de la Biblia.

Así que, en defensa de las apóstoles mujeres, el Señor dice que comencemos con Pablo. Como apóstol, Pablo tenía autoridad para establecer reglas para cada iglesia según lo consideraba conveniente por el Espíritu. Esto es algo que todos los apóstoles harán.

En segundo lugar, el Señor señala algunas verdades universales, como ¿no tenemos todos el mismo Espíritu Santo? ¿Tienen las mujeres espíritus inferiores o lugares inferiores en el cielo? ¿Qué hay del lugar donde Pablo escribe que en Cristo no hay ni hombre ni mujer? ¿Qué hay de Junia (la apóstol), las líderes de las iglesias domésticas, la mujer samaritana, las misioneras, etc.? Luego está Hechos 2:18, que es una cita de Joel 2:28-32: «**Incluso sobre mis siervos y siervas derramaré mi Espíritu en aquellos días, y ellos** (y ellas) **profetizarán**».

En tercer lugar, ¿quién tiene la autoridad en una situación determinada? Es cualquiera que Dios diga.

En cuarto lugar, nuestra relación matrimonial no estaba destinada a sustituir nuestra relación con Dios. Por lo tanto, los hombres no siempre son la cabeza de las mujeres. Las mujeres no siempre se someten sin que nada importe. Nuestra primera prioridad es la sumisión a Cristo.

Es obvio que tanto las mujeres como los hombres pueden ser apóstoles, según lo elija Jesucristo. Entonces, ¿cómo es ese papel de autoridad? Hemos mencionado que los apóstoles son enviados para traer el Reino de los Cielos a la tierra, de modo que el Rey se sienta cómodo cuando venga. Hemos mencionado que reciben revelaciones, sobre las que se construye la iglesia. Y también enseñan a las personas a seguir al Espíritu Santo. Al hacerlo, es posible que se impongan normas al pueblo de Dios durante un tiempo.

La verdad es que tanto hombres como mujeres son llamados por Jesús como apóstoles. De hecho, el Señor dice que una apóstol mujer será muchas veces mejor en ello que un hombre debido a su corazón para la crianza. Por lo tanto, no caigas en la mentira de que una mujer no puede liderar. Sin duda puede hacerlo por el Espíritu Santo, al igual que un hombre. Es el mismo poder y el mismo Señor tanto en hombres como en mujeres.

Capitulo 9
PROFECÍAS SOBRE APÓSTOLES Y LA IGLESIA

Se nos han dado muchas profecías sobre la época de los apóstoles. Ese tiempo está sobre nosotros. Lo siguiente se incluye para fortalecer su fe y darle la visión del Señor con respecto a Sus apóstoles, Su Iglesia, Su Gran Reinicio y el Fin de los Tiempos.

Visión de la Ciudad Santa – 5 de julio de 2020

El Señor dice: *«Estoy preparando una ciudad»*.

Kirk tiene una visión... Me veo a mí mismo en un lugar muy arenoso, un desierto. Tengo en la mano un nivel y una especie de vara. Estoy en el perímetro de algo. Levanto la vista y veo una miríada de lo que supongo que son ángeles volando en los cielos. Luego vuelvo al trabajo.

Hay otros trabajando también. El perímetro que estamos estableciendo es inmenso. Me pregunto qué es exactamente. Entonces oigo: *«Estoy estableciendo aquí la Ciudad Santa»*.

Una vez más, me pregunto: ¿cómo habrá suficiente gente para llenarla? Oigo: *«¡Mira hacia arriba otra vez!»*.

Así que miro hacia arriba. Uno de los seres que yo había supuesto que era un ángel se acerca. Vi que era uno de los santos. Una nube de testigos observaba y esperaba. Después de ver su número, comencé a preguntarme si este lugar sería lo suficientemente grande. La voz del Señor volvió a sonar: *«¡Haz bien tu trabajo, profeta! Tu Apóstol y, sí, los santos esperan y observan. El mundo, las naciones se preguntan qué harás. Todos están expectantes, pero Yo Soy no estoy asombrado. He entrenado al Apóstol y al Profeta y estoy firme en la fe con vosotros»*.

Entonces me di la vuelta y volví al trabajo con las herramientas y con los que trabajaban conmigo. Mientras trabajo con mi Apóstol, noto que una sombra intenta colarse. Al principio, no lo entiendo. Mi ángel dice: «Es un demonio. No tienen ni idea de lo que está pasando, porque viven en una atmósfera de mentiras y engaños. No tienen capacidad para distinguir la verdad de la mentira, pero de todos modos sienten curiosidad».

Observo la sombra mientras cruza el perímetro, pasando por debajo de las cosas, por detrás, y haciendo todo lo posible por permanecer oculta. Al cruzar, de repente se oye un fuerte chillido y se ve una pequeña nube de humo donde estaba. Una vez más, mi ángel dice: «No hay sombras ni lugares donde esconderse detrás del velo. Todo está al descubierto y allí no puede existir el mal».

El Padre dice que hay mucho que desea mostrarnos, pero «*Estudiad esto con Mi Espíritu por ahora*».

Explicación:

El Señor dice que las herramientas que alguien tiene en la mano son indicativas del trabajo de esa persona.

Kirk (los profetas) tiene un nivel y una vara.

El nivel: él recibe la Palabra de Dios, y esta mantiene las cosas niveladas y es la medida con la que se todas las cosas son medidas/juzgadas. El nivel tiene que ver con el discernimiento para ver dónde se está abusando de la palabra.

La vara: la vara de Kirk es más bien un bastón. Esta vara tiene que ver con el liderazgo: guiar y discipular. Él está construyendo la verdadera iglesia. Muchas personas no entienden quién es la iglesia, que es el verdadero cuerpo de Cristo. No entienden quién es Jesús. La excusa diluida y poco convincente para la iglesia ha terminado. Es lo auténtico o nada.

Tiffany (los apóstoles) sostiene un libro y un cetro de hierro.

El cetro de hierro representa el juicio y la ejecución del juicio dictado. Es indicativo de un gobernante que gobierna, como supervisando, además de dictar sentencia.

El Libro representa la doctrina correcta.

Esta es una visión que el SEÑOR le dio a Tiffany con respecto al libro que sostiene:

Escalones de cemento. Puerta de hormigón. Empujo la puerta para abrirla. Hay aire fresco. Está oscuro. Hay luz en el centro, donde está Jesús. Camino hacia la Luz. Es más cálido y, por supuesto, más brillante junto a Él. Me entrega un libro.

Un libro de misterios, de revelación. Me pregunto si es la Biblia y me acuerdo de una visión que Kirk tuvo hace años en la que yo estaba rodeada de pergaminos de revelación.

Jesús dice: «*Tu profeta te dirá misterios que tú comprenderás como revelación y escribirás en un libro*». Le digo que no puedo hacerlo sin Él. Él dice: «*Por supuesto que no puedes. Te he levantado para que lo sepas, así que ni siquiera lo intentarás. Confiarás en Mi Sabiduría, en Mí, no en tu propia sabiduría*».

Después de esto, Kirk oye que escribiré un libro de misterios. Será todo revelación, nada más. También estará organizado de alguna manera. La Biblia no parece estar organizada de manera que resulte conveniente para buscar un tema concreto de interés. Es como si la Biblia se hubiera escrito simplemente como lo haría un profeta (llevado por el Espíritu), o como en el caso de Pablo, un montón de cartas que se pusieron en un libro. Yo voy a escribir un libro de acuerdo con el Señor, organizado de acuerdo con Él, donde todo lo que haya en el libro esté escrito según el Espíritu Santo. No requerirá mucha planificación ni reflexión por mi parte, pero el resultado final será asombroso.

En cuanto a la parte de la visión en la que el demonio fue destruido: la gente habla de lo inteligente que es el diablo y de cómo no podemos ser más astutos que él. Ese argumento es irrelevante porque nuestra batalla es espiritual, no intelectual. Tenemos que dejar de darle al enemigo tanto crédito. Él realmente no sabe lo que está pasando porque el Espíritu de la Verdad nos guía a toda la Verdad y las tinieblas no tienen el Espíritu de la Verdad.

Tiffany y los santos están observando a Kirk porque nuestro testimonio está determinado por lo que Kirk haga. Los profetas reciben lo que necesita ser revelado. Ellos tienen que establecer el perímetro antes de que los apóstoles puedan construir o juzgar nada.

El Padre no está expectante porque tiene fe en nosotros, ya que Él nos ha levantado.

Desde que recibimos la visión, comenzamos a escribir devocionales en 2021. El Espíritu Santo nos hizo organizar los devocionales por temas con un índice en la contraportada del libro. Mientras lo hacíamos, no nos dimos cuenta de que estábamos cumpliendo esta visión. Desde entonces, hemos publicado el segundo libro devocional y el libro Revelación de Jesucristo y el fin de los tiempos, el libro Profecías del mundo y el libro Profecías de Trump. Todo esto es el cumplimiento de esta visión.

Los Apóstoles son las Águilas del Señor – Febrero de 2021

«Porque donde quiera que esté el cadáver, allí se juntarán las águilas» (Mateo 24:28).

Y ellos le respondieron y le dijeron: *«¿**Dónde, Señor**?»*. Entonces él les dijo: *«Donde esté el cuerpo, allí se juntarán las águilas»* (Lucas 17:37).

El Señor dice: *«¿Acaso el águila se eleva a tu orden Y hace su nido en lo alto? Habita y reside en la roca, En el peñasco de la roca y en la fortaleza. Desde allí espía a su presa; sus ojos observan desde lejos. Sus crías chupan sangre; y donde están los muertos, allí está ella»* (Job 39:27-30).

El Espíritu Santo dice que las águilas son los apóstoles. Dondequiera que esté el cuerpo del Señor, allí estarán las águilas antes del regreso de Cristo. El Señor se está preparando para enviarlas.

Los profetas que están de pie en este momento están preparando el camino para eso. Además, las águilas han venido para traer la liberación y destruyen y consumen por completo al enemigo mientras preparan el camino para el Señor, por lo que estarán donde están los cadáveres y sus crías «chuparán la sangre». ¡Qué imagen!

Efesios 3 y 4 dejan claro que el fundamento de la iglesia está construido sobre los apóstoles y profetas, con Cristojesús Mismo como la Piedra Angular. Se les ha encomendado edificar el cuerpo hasta que todos alcancemos la unidad de la fe y del conocimiento del Hijo de Dios, hasta un hombre perfecto, a la medida de la estatura de la plenitud de Cristo. Este último avivamiento no terminará, ya que su fundamento será seguro.

Los Justos Recogerán una Cosecha: la Recompensa será Rápida y Severa – 5 de febrero de 2021

¡El Señor dice que Su recompensa será rápida y severa! Aquellos que han sembrado con honestidad y rectitud cosecharán los frutos. Lo mismo ocurrirá con aquellos que se han involucrado en un plan malvado y traicionero. Él está diciendo que estamos cerca de una encrucijada, donde la violencia y la venganza podrían estallar, pero la justicia debe prevalecer. El traidor debe ser tratado de acuerdo con la ley, pero los desertores deben ser bienvenidos y, de hecho, amados y guiados según el Espíritu de Dios hacia toda la verdad.

«Mi pueblo ha sido robado, restringido y reprendido, y Mi recompensa para ellos será más gloriosa de lo que el mundo haya visto jamás. Sí, ¡las riquezas del mundo oscuro vendrán a ellos! Pero Yo digo que el mundo entero no se maravillará por eso. ¡No! Se maravillará por la generosidad y la gratitud que será mostrada. ¡Mi pueblo, el que es llamado por Mi Nombre, no vive simplemente para

enriquecerse ellos mismos! Los que viven en la oscuridad hacen eso. Mi pueblo da como Yo también he dado.

¡Claro que habrá celebración! ¡Y sí, será hasta el exceso! ¡Amén, dice el Señor! Pero ellos tienen Mi corazón y, como tal, llevarán a todo el planeta a una época de abundancia. ¡Recordad los 7 años y los 7 años!

Aquellos que encarnan el «Sueño Americano», tal y como lo hacen ahora los ricos, serán pocos. ¡Aquellos que trabajan duro y son diligentes en la profesión que han elegido serán admirados! ¡Aquellos como Mi Trompeta serán admirados! Su riqueza no será su motivo de fama, sino que <u>su compromiso Conmigo, su ética de trabajo y su generosidad</u> es su tarjeta de presentación. Esta tarjeta de presentación pasará de nación en nación.

¡El oro y la plata estarán por todas partes!

La producción de alimentos aumentará, ya que Yo bendeciré el trabajo de las manos de los agricultores.

El mal que retenía y restringía será reemplazado por la honestidad y la buena voluntad.

¡El socialismo será visto como el azote de la humanidad que realmente es! Los pueblos del mundo se levantarán contra él y tendrán éxito.

Mi iglesia, no, no esa, ¡MI iglesia! Se levantará, y la red de Apóstoles y Profetas se normalizará.

Se producirá una gran purga de la inmundicia en el entretenimiento, Internet y el gobierno, y no se aceptará nada menos que eso.

¡Las escuelas serán para aprender!

¡Los bancos, para ahorrar!

¡El entretenimiento volverá a ser divertido!

¡El trabajo se convertirá en algo honorable!

¡Los negocios serán para el beneficio mutuo del dueño y del cliente!

¡Mis iglesias se llenarán de Mi Espíritu!

Amén».

Profecía «Las águilas alzan el vuelo» – 21 de febrero de 2021

«Tiffany, mis águilas están a punto de alzarse en vuelo. Son los apóstoles. Son llevados por los vientos del Espíritu. Estados Unidos es la tierra del Águila, pues es apostólica por naturaleza. Lidera, es fuerte, cría y ama. Es una guerrera valiente y no fracasa en la batalla, pues su Dios está con ella. Algunos dicen que Estados Unidos está en una batalla, pero yo digo que la batalla ya está ganada. Le he dicho a tu profeta cómo es y cómo será. Desde la tierra de los libres y el hogar de los valientes, estoy preparando a muchas águilas para volar y se unirán a otras de otras naciones.

(Padre, ¿qué quieres decir con «a punto de» emprender el vuelo?)

Ha llegado el momento. La gran convulsión que lo cambiará todo también liberará a Mis águilas, quienes han estado esperando. Los Profetas están listos y preparados. Ha llegado su momento, ya que han proclamado Mis palabras y luego se han quedado esperando a que llegara la lluvia. Los apóstoles han estado en segundo plano, esperando. Serán vistos cuando vuelen hacia adelante.»

Sueño: Necesitáis a los Apóstoles – 26 de febrero de 2021

Yo (Tiffany) soñé que Kirk y yo estábamos en una gran tienda. Kirk bromeaba con un empleado mayor. El empleado se acercó y le respondió bromeando, y luego le dio dinero a Kirk. Este empleado solía dar dinero a borrachos u otras personas que lo necesitaban. Llevaba años trabajando en Meijer o dondequiera que estuviéramos. Kirk dijo entonces: «No quiero presumir, pero Tiffany...». Luego Kirk le contó al hombre mayor algo sobre mí, que rezaba por la gente y los milagros.

Interpretación: El Espíritu Santo está diciendo que el anciano es la iglesia. Kirk representa a los profetas y yo (Tiffany) represento a los apóstoles. La iglesia siempre ha ayudado dando dinero y ayuda a los oprimidos.

Ahora, sin embargo, Dios está rehaciendo la «iglesia» tal y como la conocíamos. La nueva iglesia reconoce a los profetas debido a este tiempo de prueba y resistencia. Los profetas que han resistido durante este tiempo de Trump con las profecías del Señor serán reconocidos e incluso apoyados. Sin embargo, los profetas están preparando el camino para los apóstoles. La iglesia debe tener a los apóstoles.

Kirk decía en el sueño: «Sí, tu dinero está bien, pero mira lo que hace Tiffany». En otras palabras, necesitas a los apóstoles. La razón por la que los avivamientos del pasado siempre se esfumaron es porque la gente siempre volvía a la misma institución, al odre viejo. Necesitaban a los apóstoles y a los profetas. Este nuevo avivamiento, la cosecha de mil millones de jóvenes, no terminará porque se basará en el fundamento de los apóstoles y profetas con Jesucristo Mismo como la piedra angular.

Profecía: La Hora de Mi Justicia – 7 de marzo de 2021

El Señor dice: «*Tiffany, la hora de Mi justicia ha comenzado. Este es el momento en que juzgaré la maldad en la tierra. Este no es el fin, sino el principio del fin. La revelación de Mi Hijo es muy necesaria. Los apóstoles de mi Hijo han sido preparados. Incluso los jóvenes aguiluchos están siendo llenos de la revelación de Jesucristo. Ellos también volarán*».

Yo pregunto: «¿Adorará Estados Unidos a Jesús después de que Tú la salves?». El Señor responde: «*Adorarán a Mi Hijo. El nombre de Jesús será proclamado con valentía. Los que se han mantenido firmes no aceptarán otra cosa. Pronunciarán el nombre de Jesús y también lo hará el mundo, porque sabrán que Dios los ha visitado y que solo Yo Soy podía salvarlos de esta oscuridad».*

Profecía: Tiempo de los Apóstoles – 23 de abril de 2021

Dios se está preparando para el tiempo de los Apóstoles. El tiempo de los Profetas está llegando a su fin. ¡No es que Él no vaya a usar a los profetas! Sin duda lo hará. Los profetas que se han mantenido firmes, es decir, aquellos que se han mantenido firmes sólo en Sus palabras, ni más ni menos, sí, aquellos profetas que no cambiaron de opinión cuando las cosas que habían profetizado parecían imposibles; ¡a estos, Él sin duda los usará! Sin embargo, ¡se acerca el tiempo de los apóstoles!

Sus profetas pasarán a un segundo plano durante esta temporada, y se esperará que acudan en ayuda de los apóstoles, sí, que les sirvan y, literalmente, levantarlos ante el pueblo. A su vez, los profetas serán levantados por los apóstoles, porque los apóstoles que Jesús ha elegido saben cómo liderar y también saben que el verdadero liderazgo en el Reino es el servicio. Los apóstoles también levantarán al resto de los ministros quíntuples, quienes a su vez levantarán a la verdadera iglesia.

Así que el Señor está diciendo: «*¡Apóstoles, necesitáis un profeta! ¡Sí, cada uno de vosotros! Profetas, necesitáis un apóstol. ¡Sí, cada uno de vosotros! ¡Esta es la manera de hacer las cosas de Jesús! Él ha dado dones a la Iglesia. ¿Realmente pensasteis que podríais hacerlo de alguna otra manera?*».

Además, el Señor está diciendo que la mayoría de los ministros en el quíntuple son actualmente desconocidos. Él está haciendo algo nuevo, ¿no lo percibís? Estos nuevos ministros en el ministerio quíntuple saben en su mayoría quiénes son y están esperando que se rompa la presa para poder ser derramados y cubrir la tierra. El Señor está buscando discípulos de Jesucristo de Nazaret. Sí, señales y prodigios: ¡las cosas más grandes que Jesús dijo que los creyentes harían! ¡Él quiere sacudir la tierra una vez más durante las reuniones de oración!

¡Quiere liberar a los prisioneros porque alguien oró con poder! ¡Él está listo para derramarse en la Lluvia Tardía con PODER!

Iglesia Casera de Estilo Artesanal: Abierta y Limpia – 27 de mayo de 2021

Hoy, mientras yo (Kirk) cierro los ojos para orar, veo una pequeña casa de estilo «artesanal». Me acerco para mirarla mejor. Tiene aperturas para ventanas, pero son solo aperturas, sin ventanas reales. También tiene una apertura para una puerta, pero no hay ninguna puerta instalada. Al mirar dentro, veo que está completamente vacía: sin muebles, sin adornos en las paredes, sin decoraciones, sin nada. Sin embargo, está limpia, muy, muy limpia. No hay polvo ni suciedad de ningún tipo. Es extraño. Le pregunto al Señor por qué estoy viendo esto...

Después de un rato, Él dice: *«Esta es Mi iglesia»*.

No entiendo lo que Él quiere decir. Está vacía. Mientras reflexiono sobre esto, el Señor dice: *«Yo espero que las puertas estén siempre abiertas. Quiero que cualquiera que Me quiera pueda entrar sin obstáculos. También quiero que las ventanas permitan a los que están fuera ver el interior. Quiero que todos sepan que no hay nada secreto ni exclusivo dentro de mi iglesia. ¡También quiero que mi iglesia esté limpia! No se toman decisiones ni se hacen tratos que excluyan a nadie que pueda estar interesado. El viento de Mi Espíritu puede soplar a través de ella, y mi verdad está allí sin obstáculos.*

Mis ministros quíntuples son los artesanos que construyen Mi casa. Estos «artesanos» siguen exclusivamente a Mi Espíritu y son muy valientes y abiertos sobre esto. Ellos no se prostituyen (no buscan complacer a nadie), sino que se dedican solo a Mí, dice el Señor. No se arrodillan ante las personas, ante la «iglesia», ante nada ni nadie, sino solo ante Mí. Se ha dicho que cualquiera que se arrodille ante Mí podrá presentarse ante cualquier hombre. Esto es cierto. El vino nuevo, Mi vino, Mi Espíritu, puede ser derramado en estas pequeñas «iglesias», y Mis centinelas y Apóstoles deben estar «por encima» de

Mis iglesias, incluso cuando los evangelistas, pastores y maestros hacen su trabajo allí. Todos ellos son Mis siervos. Yo los he elegido y, en Mi Reino, Yo soy el Rey y elijo según Mi voluntad. Así sea, dice el Señor.

Visión del Estilo Artesanal 2: Cómo Funciona la Iglesia, 10 de junio de 2021

Esta mañana, yo (Kirk) vuelvo a ver la casa de estilo artesanal. Es la misma que vi el 27 de mayo de 2021. Como antes, me acerco a la casa. Esta vez oigo voces desde dentro. Al acercarme, oigo la voz del Señor que dice: «*Es Mi pastor hablando*».

Luego oigo al pastor hablar de los acontecimientos recientes de la iglesia, así como de las cosas que están por venir. Habla como siervo de los reunidos con la autoridad que le viene del Señor. Cuando termina su parte, invita a una evangelista a tomar la iniciativa. Ella se pone al frente e invita a los reunidos a un momento de alabanza. Después, da una breve palabra del Señor e invita a los que no conocen al Señor a aceptar a Jesús como su Señor. Después de esto, el pastor vuelve a levantar la voz e invita a cualquiera que tenga una alabanza o una palabra que decir a que levante la voz y dé su ánimo. Además, se invita a aquellos que necesitan sanación u otro tipo de necesidades a recibir oración por esas cosas.

Me doy cuenta de que los que asisten a esta iglesia parecen ser todos amigos. No hay «forasteros» ni nadie que parezca marginado o solo. Me pregunto si estas personas llevan aquí mucho tiempo y son como «viejos amigos».

La voz del Señor vuelve a oírse: «*Kirk, aproximadamente la mitad de estas personas son nuevos seguidores Míos. La razón por la que te lo preguntas es porque en Mi iglesia no hay miedo. Nadie está <u>preocupado</u> por cómo va a conseguir esto o aquello, o si se pagará la nueva ampliación, etc. ¡No hay ninguna ampliación! El pastor no está preocupado porque alguien «ocupe» su lugar o porque no se salga con la suya, porque esta es Mi iglesia. En Mi iglesia, no hay* *ningún problema de «unidad» para aquellos que están en Cristo, ni cuestiones de doctrina y teología, porque todos, Mis cinco ministros, solo se preocupan por seguir Mi Espíritu. Ellos Me conocen a Mí y no seguirán a otro»,* dice el Señor.

Cuando termina su tiempo juntos en la iglesia, un maestro da un paso adelante e invita a cualquiera que quiera profundizar en el Señor a reunirse con él.

Amén.

Profecía: El Poder Exige Respeto – 27 de julio de 2021

Yo (Kirk) oí: «*Muchos son los llamados, pero pocos los escogidos*». Luego oí: «*respeto*». Mateo 22:14 es donde se encuentra el versículo en el que se dice que muchos son los llamados.

Jesús les habló de nuevo en parábolas, diciendo: «El reino de los cielos se puede comparar con un rey que dio una fiesta de bodas para su hijo. Y envió a sus siervos a llamar a los que habían sido invitados a la fiesta de bodas, pero ellos no quisieron venir. Volvió a enviar a otros siervos, diciendo: "Decidles a los que han sido invitados: "He aquí, he preparado mi cena; mis bueyes y mi ganado cebado están todos sacrificados, y todo está listo; venid al banquete de bodas". Pero ellos no hicieron caso y se fueron, uno a su labranza, otro a su negocio, y los demás agarraron a sus siervos, los maltrataron y los mataron. El rey se enfureció y envió a sus ejércitos, que destruyeron a esos asesinos y prendieron fuego a su ciudad. Luego dijo a sus siervos: «La boda está preparada, pero los invitados no eran dignos. Id, pues, a las encrucijadas e invitad al banquete de bodas a todos los que encontréis». Los siervos salieron a las calles y reunieron a todos los que encontraron, tanto malos como buenos, y el salón de bodas se llenó de comensales. Pero cuando el rey entró para ver a los invitados, vio allí a un hombre que no vestía ropa de boda, y le dijo: «Amigo, ¿cómo has entrado aquí sin ropa de boda?». Y el hombre se quedó sin palabras. Entonces el rey dijo a los sirvientes: «Atadle de pies y manos, y echadle a las tinieblas de afuera; allí habrá llanto y crujir de dientes». Porque muchos son los llamados, pero pocos los escogidos. (Mateo 22:1-14, NASB)

El Padre dice sobre esta parábola que el rey esperaba ser respetado por aquellos que fueron llamados. También esperaba que ese respeto se extendiera a Su hijo y a aquellos que fueron enviados. Esta expectativa no se cumplió, y los infractores fueron destruidos. Y nuevamente, los esclavos salieron e invitaron a todos, y ellos vinieron. Evidentemente, el rey ofreció ropas de boda a aquellos que vinieron de la calle, pero encontró a un hombre que no las llevaba puestas. Cuando se le preguntó por qué, el hombre no supo qué responder y fue atado y arrojado a las tinieblas exteriores. No sabemos exactamente por qué este hombre no iba vestido adecuadamente, pero tiene que ser porque tampoco respetaba mucho al rey.

El Señor ha elegido a sus ministros quíntuples para que salgan e inviten a todos al banquete de bodas del Rey para Su Hijo. Durante el tiempo de los Apóstoles, Él volverá a esperar que Sus siervos reciban respeto. El Hijo ha elegido personalmente a Sus ministros quíntuples. El tiempo de los Profetas llegará a su fin y los Apóstoles se levantarán. En ese momento, el Espíritu Santo de Dios se derramará una vez más en la lluvia tardía. El poder, el poder mismo de Dios, se manifestará y la gloria shekinah volverá a «instalarse» en la tierra.

Durante el primer derramamiento en Pentecostés, Ananías y Safira descubrieron que necesitaban tener más respeto que mentir a Pedro y al Espíritu Santo. Hechos 5:11 dice que un gran temor cayó sobre toda la iglesia y sobre todos los que oyeron aquellas cosas. Los apóstoles de la época de los Apóstoles volverán a estar en lugares de <u>MUY</u> alta estima porque el Espíritu Santo volverá a exigir respeto para Sí mismo y para aquellos que han sido elegidos por Cristo Mismo. ¡El poder que se derramará en ese momento exigirá respeto para el <u>Rey</u>! La alternativa será la destrucción. Todos los cinco ministerios inspirarán respeto, pero los apóstoles y los profetas permanecerán en Su gloria, cubriendo a los otros tres (evangelistas, pastores y maestros), y serán un pararrayos para la falta de respeto, y el poder que fluye de ellos vencerá al mundo. Amén.

«El poder exigirá el respeto de su origen».

Profecía: Discerniendo el Tiempo de la Visitación del Señor -6 de noviembre de 2021

El Señor está hablando hoy a su Iglesia y le dice que ha llegado el momento de reconocer el tiempo de Su visitación, de «ver» la obra que Él ha estado haciendo, de unirse a Él y trabajar con Él. Ya no tolerará más la religión y la fachada de seguirle. Él busca a aquellos que le siguen en Espíritu y en Verdad. Él creó los cielos y la tierra en 6 días y descansó el 7º, y Él espera que sigamos su guía. «Trabajar» para Él un día a la semana y vivir para uno mismo los otros 6 días ya no funcionará. (Esto no quiere decir que Él defienda el deber religioso de tomarse un día libre a la semana, sino que muestra lo absurdo que es pensar que podemos «trabajar» para Él solo una vez por semana. Como dice la Escritura: *«Pero Jesús les respondió: «Mi Padre siempre está trabajando y yo también»* [Juan 5:17 NLT] y en Hebreos 4:7-10, donde se nos dice que Jesús es nuestro descanso Sabático y que entremos en él creyéndole a Él y a Sus palabras y obras. Dice así:

...de nuevo Él designa un día determinado, diciendo en David: «Hoy», después de tanto tiempo, tal y como se ha dicho: «Hoy, si oís su voz, no endurezcáis vuestros corazones». Porque si Josué les hubiera dado descanso, entonces Él no habría hablado después de otro día. Queda, pues, un reposo para el pueblo de Dios. Porque quien haya entrado en Su reposo, ha descansado él mismo de sus obras, como Dios hizo de las Suyas.

Por lo tanto, al entrar en las obras de Cristo, dejamos de esforzarnos con nuestras propias obras).

Su iglesia será a Su imagen y semejanza, o no será Su iglesia. Su iglesia se diferenciará por moverse con poder, porque Él no puede ser separado de su poder. Donde esté Su presencia, estará Su gloria. Donde esté Su gloria, el poder estará presente. Incluso ahora, los que forman parte de

Su iglesia saben quiénes son.

«Estos son los que no están satisfechos con la iglesia institucional. Desean más, y yo les daré lo que desean de más, dice el Señor. ¡Poder! Sí, ¡poder! A medida que mi Espíritu se derrama durante este tiempo y llega el tiempo de los Apóstoles y las Iglesias domésticas o en casas, el Poder obligará a las personas a decidir si están por Mi o contra Mí, dice el Señor». Amén.

La Cosecha de los Tiempos del Fin – Mil millones de jóvenes – Primera parte – 12 de noviembre de 2021

«¿Mil millones de jóvenes? Sí, mil millones, ¡y más que eso! Profeta, dile a la gente del mundo que levante la vista. Sí, ¡mirad hacia arriba y ved! Vosotros, los que tenéis ojos para ver, mirad adelante hacia el futuro. Mirad más allá de las noticias actuales, más allá del ataque de ira que está lanzando vuestro enemigo, más allá de vuestras necesidades de hoy y vuestros deseos de mañana. Mirad más allá de lo temporal.

¿Podéis ver al Ángel de los Vientos del Cambio soplando una gran ola? Sí, él está destapando todas las mentiras, la corrupción y la incompetencia. ¡Pero mirad! ¡Incluso la iglesia ha estado implicada en el engaño de lo que se llama «hoy»! ¿Podéis ver la ola formándose ahora? ¿Podéis ver a Mi Iglesia detrás de esta ola? ¿Veis a los nuevos Apóstoles, Profetas, Evangelistas, Pastores y Maestros preparándose para ocupar sus lugares en el tiempo de la ola que viene? Sí, ¡mirad Conmigo! ¡Pasado el breve tiempo de crisis y hacia la Cosecha de los Tiempos del fin que se acerca! ¿Mil millones de jóvenes? ¡Sí! ¡Y más que eso!

¡Vosotros, los mayores! Sí, vosotros que sois llamados como Josués, ¡preparaos para sumaros a esta ola! Financiadla, levantad a los más jóvenes. Ayudadla. Pero no os interpongáis en su camino cuando comience, porque si lo hacéis, ¡seréis sobrepasados por la ola!

Estos jóvenes que están formando la ola lo han visto todo. Han visto a los gobiernos mentir, engañar y robar. Han visto a la iglesia que dice tener poder, pero no lo tiene. Han visto a los superricos enseñorearse de la gente. Han sido testigos del vacío de la inmoralidad, las drogas y la búsqueda de la «felicidad» en el mundo. Ellos buscan la Verdad, y la encontrarán, dice el Señor de todo. Y cuando lo hagan, se les dará la fe de Dios, no simplemente la fe en Dios, ¡sino la fe de Dios! La fe de Dios no conoce las palabras «si» o «tal vez». Solo ve lo que cree como HECHO. Por lo tanto, estos jóvenes no tendrán miedo. Si uno cae, ¡los demás simplemente lo levantarán! ¡Serán imparables! Amén, dice el Señor de todo».

La Recuperación Ocurrirá Durante la Última Parte de la Sacudida – 30 de noviembre de 2021

Hoy el Señor está hablando de la recuperación que tendrá lugar durante la última parte de la sacudida y más allá. Nos muestra que para entonces la fe y la paciencia de la gente se habrán agotado, y prevalecerá el temor de que las condiciones actuales que estamos viviendo ahora continúen y sigan empeorando.

«La gente estará cansada de escuchar a los profetas y sentirán desconfianza. La iglesia institucional continuará su deslizamiento hacia la izquierda (el mundo). Muchos buscarán el «Espíritu y la Vida» que proviene del Espíritu del Dios viviente. La iglesia doméstica será el lugar donde Él será encontrado en ese momento, y llegará el tiempo del Apóstol.

Los ministros quíntuples también se levantarán y saldrán de los lugares donde los he mantenido ocultos. Los Apóstoles y Profetas los llamarán en gran número en este momento, y Mi alegría será muy grande, dice el Señor.

Este será entonces el cambio con respecto a Mi iglesia del que he hablado. Cuando veáis a mucha gente yendo de «iglesia» en «iglesia» en busca de la Roca sólida, sabréis que este tiempo ha comenzado. ¡Tened paciencia, pues! ¡Depended de Mí! Yo os he dado fe para superar este tiempo de agitación e inquietud que Yo estoy usando para separar tanto el trigo de la cizaña como Mi trigo de la paja, como ya os he detallado.

En este momento, Mi Espíritu será derramado una vez más, y aquellos que se han mantenido firmes, aquellos que aún creen, serán Mis objetivos para este derramamiento. ¡Aquellos en quienes se puede confiar con poder y autoridad reales! Ellos, a su vez, <u>derramarán</u> Mi Espíritu sobre aquellos que acudan a ellos, pero especialmente los ministros quíntuples (derramarán el Espíritu sobre aquellos que vengan).

Esto es lo que Mis santos de la antigüedad esperaban ver. Es este movimiento del GRAN YO SOY del que deseaban formar parte. Y es este movimiento del Espíritu del que los ángeles en el cielo han estado hablando entre sí con asombro. NO os desaniméis, pueblo Mío. ¡Mirad, podéis empezar a «ver» el comienzo de este tiempo ya! Amén».

Visión de las Iglesias Domésticas – Apóstoles y Nodos – 14 de diciembre de 2021

El Señor me está mostrando (a Kirk) cómo será la «iglesia», Su iglesia, la Novia de Cristo. Vi que la Novia de Cristo estará compuesta principalmente por iglesias domésticas. Puede que haya algunas iglesias que realmente tengan un edificio destinado a tal fin, pero serán muy pocas.

Las iglesias domésticas requerirán un gran número de ministros quíntuples. Serán muy numerosos. A los Apóstoles y sus Profetas les serán asignados un número de estas iglesias sobre las que presidirán, y también habrá algunos apóstoles con sus profetas que estarán sobre apóstoles. Esta disposición se establecerá de la misma manera que una red. Tendrá conexiones como una red y nodos en los lugares donde se unen las conexiones. Por ejemplo, un apóstol puede tener un «nodo» con sus doce iglesias, el «nodo» de otro tendrá cinco iglesias, etc. Habrá un apóstol por encima de los dos apóstoles y sus nodos, y así sucesivamente.

El Señor hará que cada «nodo» se especialice en una faceta particular del Evangelio, como la obra misionera o la evangelización, la sanidad, lo profético, etc. Así, si se necesitara entrenamiento en una de esas áreas, una persona puede ser enviada al nodo del apóstol correspondiente para que reciba formación en esa área.

El Señor exigirá que cada apóstol se empareje con un profeta y que juntos, con los demás apóstoles y profetas, empujen en la misma dirección de acuerdo con las indicaciones del Espíritu de Dios. No habrá competencia por los feligreses, el poder o los recursos, porque el Espíritu del Señor los guiará y los dirigirá hacia la verdad.

Además, los diferentes ministros de los cinco ministerios no serán puestos remunerados. Serán «a tiempo parcial» debido al tamaño de las iglesias domésticas y al número de iglesias domésticas que podrían gestionarse fácilmente «a tiempo parcial». Habrá unos pocos que realmente ocuparán el puesto de apóstol de los apóstoles a tiempo completo, y serán siervos de todos los que están bajo su autoridad y serán llamados a este puesto por el Mismo Jesucristo.

La Biblia Frente a Mi Iglesia – 20 de junio de 2022

El Señor dice: «*Mi Iglesia cree lo que dicen las Escrituras. Saben lo que significa cuando digo que Mis ovejas oyen Mi voz. Me conocen y no seguirán a otro. Estas cosas acompañan a mi Iglesia: en Mi nombre (Jesús), expulsan demonios; hablan en «otras» lenguas; manejan serpientes; y si beben veneno mortal, no les hará daño; imponen las manos sobre los enfermos, ¡y los enfermos se recuperan!*

Mi Iglesia ha sido edificada sobre el fundamento de los Apóstoles y Profetas, y Jesús Mismo es su Piedra Angular. En Mi Iglesia, Yo Mismo elijo a los líderes, incluso a los Apóstoles, Profetas, Evangelistas, Pastores y Maestros. En Mi Iglesia hay <u>Unidad</u>, porque hay un solo cuerpo, un solo Espíritu, un solo Señor, una sola fe, un solo bautismo, una sola esperanza y un solo Dios y Padre de todos, Quien está sobre todos, por todos y en todos.

Cuando digo que la fe viene por el oír, ¡Mi Iglesia sabe lo que eso significa! ¡No tiene nada que ver con las palabras escritas en una página! Mi Iglesia sabe lo que significa ser transformada a la imagen de Mi Hijo, y tiene fe en que hará lo que Él hizo, ¡y cosas aún mayores! Mi Iglesia entiende que no puede hacer NADA en sus propias fuerzas, y que puede hacer TODO en el poder del Espíritu de Cristo.

Mi Iglesia no pone mucho énfasis en conocer <u>sobre</u> Mi Hijo. ¡Ella desea sinceramente y desesperadamente CONOCERLO a ÉL! Mi Hijo murió y envió al Espíritu mismo de Dios para vivir en los hombres. ¡Mi Iglesia comprende la importancia de esto! Mi Iglesia está formada por vencedores. Ellos vencen por la sangre del Cordero y la palabra de su testimonio, Y no aman su vida, incluso cuando se enfrentan a la muerte. Cada mañana, se despiertan y mueren a sí mismos para poder vivir para Mi Hijo. ¡Esconderse, sentarse sobre una pila de provisiones y esperar el rapto está por debajo de ellos! ¡Perder el tiempo realizando «deberes» religiosos está, de nuevo, por debajo de ellos! ¡Mi gloriosa Iglesia sabe lo que significa <u>vivir</u> para Mí! ¡Y Yo abriré el almacén del cielo para satisfacer todas sus necesidades!

¿Serán puestos a prueba? ¡SÍ! Pero esta prueba es para que comprendan qué y quiénes son y lo que representan. ¡YO SOY no está abriendo los cielos para la lluvia tardía para su entretenimiento! Hay trabajo por hacer, y Mi Espíritu anhela trabajar con Mi Iglesia, y Lo hará. Amén».

Los Apóstoles – 3 de marzo de 2023

El Señor dice: «¡Mirad este desastre! ¡Incluso Mis ministros quíntuples parecen ciegos guiando a ciegos! ¡Esto no debería ser así! YO SOY los he llamado, y sin embargo hay luchas internas entre ellos como si fueran del mundo!

Mirad! Veis a Mis maestros y Pastores, sí, y a Mis Evangelistas, que son fáciles de reconocer, igual que Mis Profetas, ¡también fáciles de reconocer! Pero, ¿dónde están Mis Apóstoles? Oh, hay quienes creen que son Apóstoles. Se les ha dado mucha gracia como Evangelistas o Profetas, o tal vez incluso como Pastores. Luego la gente empieza a llamarlos «Apóstoles», y ellos se lo creen. Pero sólo hay Uno que llama. ¡Solo Uno!

Está escrito que los dones y los llamados son irrevocables, ¡y esto es verdad! Si Yo te estoy llamando como profeta, entonces eso es a lo que has sido llamado. Es irrevocable. ¿No sabes lo que significa esta palabra? Significa esto: «Incapaz de ser retirado o revocado; inmutable; irreversible o inalterable». Así que, no importa lo que la persona en el oficio desee ser o piense que es. No importa cómo la llamen los demás. YO SOY te llama a tu oficio, ¡y Él ha decidido que eso no cambiará! Una vez que Él te ha llamado, eres lo que Él te ha llamado a ser. No te graduarás algún día para pasar a otro oficio. En el caso de un profeta, debes ser llamado al oficio de Profeta para tener el oficio de Profeta. Si tienes el don de profecía y lo utilizas con resultados asombrosos, y sobresales por encima de los que ocupan el oficio de profeta, sigues sin ser un profeta con el oficio de Profeta. Y si tú, como profeta en el oficio de Profeta, sobresales por encima de todos los profetas en precisión y autoridad, tampoco ascenderás al oficio de Apóstol ni superarás la autoridad de un Apóstol. Los que ocupan los oficios de los cinco ministerios son elegidos irrevocablemente por Jesucristo, y esa es la única forma de acceder al oficio de ministro quíntuple.

Los Apóstoles son, pues, los líderes de los cinco ministerios. Tienen autoridad sobre los demás ministerios. Así, los profetas profetizan. Los evangelistas evangelizan. Los pastores pastorean iglesias. Y los maestros enseñan. (Esto es de forma simplificada). La medida de éxito se mide de esta forma, pero el éxito de los apóstoles se mide por cómo lideran. Si los demás ministerios bajo un apóstol tienen mucho éxito, entonces el apóstol tiene éxito.

Mi Iglesia es un desastre porque los usurpadores y charlatanes se han autodenominado apóstoles, pero estos no tienen poder real, solo palabras persuasivas de sabiduría humana. La iglesia está a punto de ser sacudida por el poder y la autoridad reales que provienen del Señor

Mismo. La autoridad y el poder que se ven en los primeros capítulos de Hechos, cuando se establezca la nueva iglesia, parecerán un juego de niños. Mi iglesia en estos últimos días volverá a estar llena de poder y autoridad, como es ejemplificado por Mis apóstoles. Aparecerán en escena de manera muy similar, excepto que el poder será liberado por Mi Espíritu en <u>mayor</u> medida.

Estén atentos a los apóstoles entonces. Algunos aparecerán en escena para llamar al resto de ellos desde su normalidad. Ellos ya saben quiénes son, pero necesitan ser liberados. Amén».

Una Visión de los Apóstoles – 10 de marzo de 2023

Yo (Kirk) fui llevado a un lugar donde me encontraba con Jesús en medio de un enorme grupo de apóstoles. Al frente de este grupo estaban los primeros apóstoles: los «Doce». También vi a Pablo, a Junia y a otros de los que no había oído hablar antes. Mientras caminaba con Jesús, era como si estuviera atravesando el tiempo. Los apóstoles que vimos vestían según la vestimenta étnica de su época y período. Todos ellos habían sido llamados por Jesús como Sus ministros y como apóstoles. Él no me habló, y mientras caminábamos, me di cuenta de que cada vez había un mayor número de Apóstoles a los que Él había llamado. Mientras los miraba, empecé a intentar elegir a uno del grupo para observarlo. Y al hacerlo, su nombre me venía a la mente. ¡No había oído hablar de ninguno de ellos! Finalmente, le pregunté a Jesús por qué no había oído hablar de ninguno de estos apóstoles, excepto de algunos de los primeros.

Él dijo: «*Estos son verdaderamente Mis grandes. Han ministrado ante Mí con pureza y devoción. Sin embargo, fueron prácticamente desconocidos para los hombres. Y la mayoría nunca sirvió en la «iglesia» de su época. En verdad, estos apóstoles fueron los olvidados. ¡Pero Yo recuerdo a cada uno de ellos! La «iglesia» no quería tener nada que ver con ellos y, de hecho, «se deshizo» de un gran número de ellos. La «iglesia» no quería verdaderos seguidores míos, ni quería Mi Espíritu. Querían control. Todos Mis ministros fueron perseguidos, torturados, burlados o ignorados durante esta época. Sin embargo, nadie más que Mis apóstoles y profetas».*

Seguimos caminando. Empecé a notar ropa moderna entre los apóstoles, ¡y luego vi niños! ¡Pequeñitos! Le pregunté a Jesús si ellos también eran apóstoles. ¿Y por qué había tantos? Jesús respondió: *«Estos son mis Apóstoles de los Tiempos del Fin, y sí, ¡hay muchísimos! Algunos de estos pequeños ya saben que han sido llamados como apóstoles. Otros serán llamados más adelante en sus vidas. Hay un gran número de ellos y, de hecho, un gran número de los cinco ministerios, porque esta es la época de la cosecha de los tiempos del fin. La «iglesia» tal y como es ahora nunca podría manejar esta afluencia de personas. De hecho, no se podrían construir suficientes edificios del tipo «iglesia» moderna para albergarlos. Se verían abrumados, confundidos e ineficaces. El cambio a las iglesias domésticas es una necesidad».*

Caminamos un poco más y, de repente, ya no había apóstoles y nos quedamos solos. Nos dimos la vuelta y miramos hacia atrás, a la multitud por la que acabábamos de pasar. El rostro de Jesús se iluminó y resplandeció con luz. Estaba tan enamorado de estos hombres y mujeres que habían sido elegidos para ser Sus apóstoles. Se volvió hacia mí y me dijo: *«Profeta, dile a mi pueblo que se acerca el tiempo del Apóstol. Abrazadlos. Son Mis elegidos, los que guiarán a Mi Iglesia, la verdadera Iglesia. YO SOY voy a liberar poder también en esta temporada, y es para cualquiera que esté dispuesto a llevarlo. Pero nadie recibirá más poder que Mis Apóstoles. ¡Amén!».*

Visión de Jesús con Cetro de Hierro, Fuego y los Dos Testigos – 28 de julio de 2023

Yo (Kirk) fui llevado a un lugar y vi al Señor de Todo sentado en un trono solitario. Tenía el cabello blanco. Sus ojos eran una llama de fuego que alternaba con ojos marrones normales, como entre la ira y el amor. No parecía viejo, sino vigoroso y fuerte. En su mano derecha sostenía un cetro de hierro. Tenía un mango en la parte inferior y una cruz en la parte superior. A su izquierda estaba el arcángel Gabriel y a su derecha el arcángel Miguel. El aire estaba cargado de poder y había un tono bastante serio. El Señor Jesús estaba sentado como una estatua sosteniendo el cetro.

Entonces, cuando llegó el momento adecuado, Él habló. Un rayo brilló en todas direcciones desde el trono, seguido de un espeso humo que se arremolinaba detrás del rayo. Todo el lugar se llenó de humo. No entendí lo que dijo, pero mientras observaba, dos personas se acercaron solemnemente al trono ante el Señor de Todo.

Estos dos representaban a los Apóstoles y a los Profetas. Al acercarse, se arrodillaron simultáneamente ante el Señor. Permanecieron así durante un breve instante. El Señor se levantó de su trono y se puso de pie ante ellos. Gabriel y Miguel dieron un paso adelante y se colocaron a los lados de los dos que estaban arrodillados, como para sostenerlos. Los dos arrodillados miraban al Señor. Los ángeles y el Señor miraban al Apóstol y al Profeta.

El Señor levantó el cetro de hierro, sujetándolo con ambas manos por el mango, y lo colocó primero sobre la cabeza del Apóstol. Cuando lo levantó de nuevo, una llama de fuego ardía sobre la cabeza del Apóstol, o tal vez por encima de ella. A continuación, se acercó al Profeta y a Gabriel e hizo lo mismo. También quedó fuego sobre la cabeza del Profeta.

El Señor y los ángeles dieron un paso atrás, y el Señor volvió a sentarse y habló. ¡Los rayos y el humo salían de Él, y Su poder llenaba la habitación! No pude entender lo que Él dijo debido al estruendo. El Apóstol y el Profeta se pusieron de pie, miraron al Señor durante unos segundos y luego se dieron la vuelta y se alejaron del trono. Las llamas de fuego sobre sus cabezas permanecieron allí mientras caminaban. Amén.

Por Tiffany Root y Kirk VandeGuchte

El Quíntuple Activo en el Gobierno – 9 de agosto de 2023

«¿Qué lleva a los hombres a pecar?».

«Supongo que es un deseo ajeno a Ti».

«En Mi Gran Reinicio, los hombres no desearán cosas ajenas a Mí como lo hacen ahora. Me desearán a Mí y lo que proviene de Mí. Esto no es algo que sucederá instantáneamente. Mis cinco ministerios estarán muy activos enseñando Mis caminos, cómo seguir Mi Espíritu. Estarán activos en el gobierno, especialmente Mis apóstoles y Profetas, porque ayudarán a sentar una base correcta en los gobiernos de las naciones del mundo.

El pecado será mal visto y se enseñará el camino del Espíritu. Lo que YO SOY estoy a punto de hacer cambiará el mundo para siempre. Porque YO SOY estoy sacando a la luz aquellas cosas escondidas en la oscuridad. Y YO SOY estoy revelando cosas ocultas durante mucho tiempo que beneficiarán al mundo.

La religión es opresiva, pero Mi Espíritu trae libertad. La religión ha oprimido la verdad y ha buscado activamente destruirla, pero ¿no he demostrado que la muerte ha sido derrotada? ¿Hay algo que pueda oponerse a Mí entonces? Así pues, veréis la bondad de Dios en la tierra de los vivos». Amén.

La Plomada y el Cetro de Hierro – 18 de agosto de 2023

"YO SOY" dice: Kirk (los Profetas), "¡tomen la plomada! Y Tiffany (los Apóstoles) ¡tomen el cetro de hierro!".

¡Los Profetas han establecido el perímetro de la Ciudad Santa! Ha sido trazado usando la Plomada del Señor, hasta una dimensión perfecta. Esta plomada es el Espíritu Santo de Dios, y el trazado en sí es perfecto porque YO SOY perfecto, dice el Señor Dios de todo.

Ahora YO SOY, entrego el Cetro de Hierro a Mis Apóstoles, y ellos juzgarán y emitirán juicios dentro de Mi Ciudad Santa, según (es decir, dentro de) los límites establecidos por Mis Profetas. Trabajarán juntos en armonía, uno sosteniendo la plomada y el otro el cetro de hierro.

Durante este tiempo y esta temporada, ningún engaño ni artimaña influirá jamás en Mis ungidos, quienes gobernarán Mi Ciudad Santa con justicia y amor. Ellos solo Me seguirán a Mí y harán lo que está en Mi corazón. Porque YO SOY estoy dando de Mí Mismo a ellos. Si algún mal intenta entrar en Mi Ciudad, YO SOY estoy a mis ángeles poder para reducirlo a nada.

Los pueblos de todas las naciones y de las islas más lejanas vendrán a Mi Ciudad y vivirán como un pueblo santo en la tierra de su Padre, y allí habrá gran paz y amor. Ninguno será pobre ni hambriento allí, porque YO SOY ha hablado. ¡Amén!

Interpretación:

El Salmo 97:1 dice: «**El SEÑOR reina; que la tierra se regocije; que las multitudes de las islas se alegren** ».

Los pueblos de todas las naciones y de todas las islas vendrán al Señor y formarán parte de su Ciudad Santa, Su Esposa, la Nueva Jerusalén que baja del cielo de Dios, adornada como una novia para Su Esposo,- ¡Jesús!

El mandato que recibió Adán fue «llenad la tierra y sometedla». Someter significa traerlo o ponerlo bajo sujeción. Es una orden que solo puede cumplir alguien con autoridad. Someter la tierra no es solo una orden para el reino físico, sino también para el reino espiritual. Los que están en Cristo deben someter todo lo que hay en la tierra en sujeción al Rey. Como tales, nosotros llenamos la tierra con Su gloria porque Sus discípulos son portadores de gloria.

Habacuc escribe: «**Porque la tierra se llenará del conocimiento de la gloria del SEÑOR, como las aguas cubren el mar**» (2:14). Y Pablo escribe: «**Porque es el Dios que mandó a la luz resplandecer afuera de las tinieblas, quien resplandeció en nuestros corazones, para dar**

la luz del conocimiento de la gloria de Dios en el rostro de Jesucristo» (2 Corintios 4:6).

Esto es lo que el Apóstol y el Profeta están haciendo en esta visión. El Profeta lleva la palabra del Señor y marca el perímetro de la Ciudad Santa. Fuera de la Ciudad Santa hay oscuridad. Pero dentro hay luz y vida. El Apóstol lleva la doctrina del Señor y los juicios del Señor, edificando la verdadera iglesia para caminar en la gloria de Dios. Los Apóstoles y Profetas caminan en la gloria de Dios y enseñan a otros a hacer lo mismo. La obediencia a Su palabra trae gloria porque la obediencia es igual a la fe. («**La fe sin obras está muerta**». Santiago 2:26)

El Espíritu Santo es el perímetro porque fuera del Espíritu Santo no hay santidad. Y el pueblo de Dios es santo. El Espíritu Santo nos trae las palabras de Jesús. Él exalta a Jesús. Él da gloria a Jesús. Los Apóstoles y Profetas de estos últimos días no buscan su propia gloria, sino la gloria de Aquel que los envió. Como tales, caminan en Su gloria y liberan Su gloria sobre la iglesia.

Esto va con la siguiente visión...

Visión de Arroyos en el Desierto, Guerra y Tierra Baldía – 24 de febrero de 2023

Hoy el Señor vino a mí (Kirk) y me dijo: *«Ven conmigo. Quiero mostrarte algunas cosas»*.

Me llevó a una alta duna de arena que dominaba un desierto. Yo no veía nada más que dunas de arena hasta donde alcanzaba la vista. Estábamos en una extensión del desierto del Sáhara llamada desierto de Arabia. Mientras miraba, el Señor me preguntó si creía que este desierto podía volverse verde y lleno de vida. Volví a mirar a mi alrededor. Era un lugar muy seco. Pero sabía con quién estaba hablando, así que le respondí: «Sí, Señor. Creo que Tú podrías hacerlo verde y fértil».

En ese momento, levantó su mano derecha y la aplanó. Luego giró lentamente en semicírculo. *«Mira de nuevo»*, me dijo. Así que miré. Ahora podía ver toda la península arábiga. Al mirar hacia el norte, comenzó a ponerse verde. A lo largo del mar Rojo había más verde. Había campos, cultivos de cereales, huertos frutales y todo tipo de productos donde antes había desierto. Lo miré con asombro. Él me devolvió la mirada y dijo: *«Sí, los arroyos en el desierto serán uno de los efectos de este Gran Reinicio»*.

Aún de pie en la duna, el Señor volvió a extender su mano derecha. Al hacerlo, lo que parecía una enorme pantalla de cine se abrió ante nosotros. Vi lo que parecía una zona devastada por la guerra, edificios y casas destrozados y en ruinas, con humo saliendo de algunos de ellos. Máquinas de guerra como tanques y otros vehículos circulaban por calles desiertas. La gente, adultos y niños, se escondían donde podían y solo salían para buscar comida y agua. Podía oler la muerte y el humo agrio. Era horrible.

Ambos observamos la escena que se desarrollaba ante nosotros. Entonces, el Señor habló. *«¿Por qué ha sucedido esto? ¿Por qué motivo se ha levantado este pueblo contra su vecino?»*. Tras un minuto, respondí que no lo sabía.

De nuevo, Él habló. *«¿Ha sido por envidia? ¿Por ira? ¿Por desconfianza? ¿Alguien tenía algo que ganar? ¿O ha sido simplemente por el deseo de matar?»*. De nuevo, transcurrió un tiempo. Entonces, *«Te digo que es la locura lo que provoca esto, ¡la locura demoníaca!»*.

Y de nuevo se volvió hacia mí. *«¿Qué pasaría si aquellos que escuchan, sí, a los que adoran a los demonios fueran eliminados? ¿Y si los que los financian fueran eliminados? ¿Y si los que enfrentan a unos contra otros fueran eliminados? ¿Y qué si a aquellos que se benefician de la guerra fueran eliminados?»*.

Respondí: «Bueno, supongo que las guerras interminables se detendrían».

«¡Sí!», dijo Él.

De nuevo levanta Su mano, señalando la escena que tenemos delante. Él mueve la muñeca y cambia. Ahora veo el cielo lleno de humo negro y fuego en el suelo. (Parecía el vídeo del descarrilamiento del tren en Ohio). Luego vi lagos y ríos, todos contaminados, descoloridos y mortíferos. Vi ciudades de todo el mundo desiertas y vacías. ¡Vivir allí significaría enfermedad y muerte seguras! La escena cambia y veo aviones privados y a la «élite» del mundo reunida. Se tienen en alta estima y hablan de las temperaturas globales y el ecologismo medioambiental.

El Señor me habla de nuevo. *«¿Alguna vez has visto a estos volar para limpiar un desastre? ¿O tal vez financiar la limpieza? Yo digo: ¡NO¡. Ellos son una fachada y no les importa ni la tierra ni su gente. Trabajan para el mismísimo Satanás».* La escena ante nosotros se cierra.

Entonces, el Señor se queda mirando a lo lejos. Mientras mira, comienza a hablar: *«Sí, esta es una misión de rescate, y Yo la llevaré a cabo. Sé que hay quienes creen que las cosas deben empeorar. Los ciegos guían a los ciegos. ¡Pero vosotros veis! No os preocupéis por ellos. ¿Qué haría falta para convencerlos? ¿Un argumento inteligente? ¿Hambre o la tortura? No. Ni siquiera eso los convencería de su locura. YO SOY dice: seguidme a Mí y no os molestéis en perseguirlos. Os distraerán y no aportarán nada más a la mesa. ¡No temáis! Mantened vuestros ojos en Mí. Amén».*

Estas profecías se han incluido para daros una visión de hacia dónde está llevando Dios a su iglesia y cuál es su visión para Sus apóstoles y otros miembros del ministerio quíntuple. Hay muchas más profecías que podéis encontrar en "Profecías del Mundo y de la Iglesia: El Gran Reinicio de Dios." Lo podéis encontrar en Amazon.

BIOGRAFÍA DE LOS AUTORES

TIFFANY ROOT y KIRK VANDEGUCHTE llevan a Jesús a las naciones a través de SGGM (Seeking the Glory of God Ministries, Ministerios buscando la Gloria de Dios). Tienen un canal profético en YouTube y Rumble que se puede encontrar bajo el nombre Seeking the Glory of God, y tienen devocionales diarios en sus canales SGGM DEVOTIONAL en YouTube y Rumble.

El Señor ha dicho lo siguiente sobre SGGM (Seeking the Glory of God Ministries):

«El objetivo de SGGM es acoger un movimiento del Espíritu de Dios. En este «modelo», el ministerio quíntuple será el gobierno de la Iglesia. Los que gobiernan serán los siervos de todos y no «se impondrán sobre los feligreses» como se hace hoy en día.

Este es un movimiento de discípulos que salen al mundo. Es un movimiento en el que Jesucristo es el centro y, lo que es más importante, ¡en el que se exalta el Espíritu de Cristo! En este movimiento, FE se deletrea RIESGO y riesgo se deletrea ACCIÓN. Trabajar para el Señor, en obediencia al Espíritu, es lo normal; y la pereza y el sentarse en el banco de la iglesia en realidad son muy poco frecuentes.

«¿A qué iglesia perteneces?». Esta pregunta quedará relegada a la era de las denominaciones y dejará de utilizarse, al menos no como se hace ahora. Las personas serán miembros de La iglesia universal, o no lo serán. Y aquellos que están llenos del Espíritu se reconocerán unos a otros por el Espíritu de Dios.

Durante este tiempo, todas las oraciones que se hayan hecho por la Iglesia se cumplirán. ¡Todos los santos que alguna vez desearon ver una novia inmaculada para el Señor de Todos verán sus oraciones hacerse realidad durante este tiempo! Amén».

Otros libros impresos se pueden encontrar en Amazon y Barnes & Noble.

Visita www.sggm.world para obtener más información.

www.ingramcontent.com/pod-product-compliance
Lightning Source LLC
Chambersburg PA
CBHW050113170426
43198CB00014B/2567